KB271940

사장의 문장들

사장의 문장들

결정적 성취를 완성하는 6천 년 고전의 지혜

사장의 문장들

사이토 다카시 지음 | 이정환 옮김

일러두기

1. 단행본은『 』로, 논문, 기사, 영화 등 개별 작품은「 」로, 잡지 등 연속간행물은《 》로 표기했다.
2. 외래어 표기는 국립국어원의 외래어 표기법을 따랐으며 일부는 관례로 굳어진 표현을 따랐다.
3. 본문의 인용문은 원서『ZAYU NO ICHIGYO』의 인용문을 직접 번역했다. 목차와 본문의 서지 정보 또한 원서를 따라 일본어판으로 표기했다.
4. 국내에 번역·출간된 도서의 경우, 참고문헌에는 한국어판 서지 정보를 표기했다.

나만의 '좌우일행'을
곁에 두고 나아가자

이 책을 읽는 여러분은 '좌우명座右銘'을 가지고 있을까. 좌우명에서 '명銘'은 '새긴다'라는 의미다. 세상에 존재하는 수많은 말 중에서 나의 마음에 깊이 새기고 싶은 것, 그것이 좌우명이다.

인간의 마음은 사소한 일에도 쉽게 변하고 움직인다. 그 섬세함이 로봇이나 AI에게는 없는 장점이지만, 마음이 너무 불안해지면 냉정한 판단이나 의사결정을 해야 할 때 능력을 제대로 발휘할 수 없다. 그 순간 나를 지탱해주는 강력한 한 문장이 있다면 흔들리는 마음을 다잡고 안정도 되찾을 수 있다.

거친 파도 위를 떠도는 배도 닻을 내리면 흔들리지 않고 정박할 수 있듯이 내면에 깊이 새긴 좌우명도 닻이 되어 어딘가로 정처 없이 흘러가버릴 수 있는 마음을 본래 있어야 할 장소로 되돌려준다. 그러면서 나아가야 할 방향을 제시해준다. 좌우명은 마음의 닻임과 동시에 마음의 지침이 되는 나침반이다.

이 책의 일본어판 제목은 그냥 '좌우명'이 아니라 '좌우일행座右一行'이다. 즉, 책에 적힌 말 중에 좌우명이 될 수 있는 '한 문장'을 엄선했다.

불안해서 망설이느라 주변을 제대로 보지 못하고 있을 때, 마침 손에 든 책의 한 문장이 마음에 와닿으며 부정적인 사고를 전향적이고 적극적으로 바꿔주는 경험을 몇 번이나 한 적 있다.

여기에서 소개하는 말들은 그런 책 중에서도 '고전'으로 불리는 작품들에서 가져왔다. 고전에는 오랜 세월에 걸쳐 많은 사람들에게 감명을 준 문장이 실려 있다. 시대나 환경이 변하고 오랜 세월이 지나도 꿋꿋하게 현재까지 남아 있는 작품들을 고전이라고 부른다. 따라서 고전의 문장에는 시대를 초월한 보편성이 있다.

아테네올림픽 해머던지기에서 금메달을 딴 무로후시 고지室伏広治는 '질풍경초疾風勁草'라는 말을 좌우명으로 삼고 있다고 한다. 이 말은 중국 후한 시대에 관한 기록인 『후한서』에 등장하는 말로 역경에 처해봐야 비로소 그 사람의 진가를 알 수 있다는 뜻이다. 지금으로부터 1500년도 더 전에 쓰인 역사책에 실린 말이 현대사회를 살아가는 사람들에게

                                        사장의 문장들

공감을 얻고 마음의 지주가 된다는 데에 고전의 위대함이 있다.

이 책에서는 동서양을 망라하고 전설적인 저서부터 최근 화제가 된 서적, 이른바 '미래의 고전'까지 다양한 명저들에 실린 말을 발췌해 소개한다. 분야도 다양해서 철학책도 있고 소설도 있고 에세이, 수기, 비즈니스책도 있다. 폭넓은 분야에서 발췌한 문장을 접하다 보면 "이런 사고방식도 있구나", "이 말도 재미있네"라는 식으로 시야와 사고의 폭이 넓어질 것이다.

건강한 신체를 유지하려면 다양한 영양소를 균형 있게 섭취해야 한다. 마찬가지로 건강한 마음을 위해 다양한 말을 균형 있게 흡수할 수 있도록 다양한 서적에서 의미 있는 문장들을 발췌해 수집했다.

이 책에서 여러분에게 맞는 좌우일행을 만난다면 언제든지 그 문장에 담긴 마음가짐을 되새길 수 있도록 휴대전화에 메모해두거나 수첩에 기록해두기를 권한다.

나도 마음에 드는 말이 있으면 반드시 수첩에 적어둔다. 그리고 마음이 복잡하거나 어떤 판단을 내려야 할 때, 깊게 심호흡을 한 뒤 수첩을 펼치고 써둔 문장을 읽어보곤 한다. 그러면 마음이 평온해진다. 문장을 눈으로 읽기만 해도 되지만 소리 내어 읽으면 더욱 확고하고 강력하게 마음속에 자리 잡을 것이다.

오늘날은 한 치 앞도 보이지 않는 불안정한 시대다. 그에 따라 우리의 업무 환경 역시 격변하고 있다. 그러나 역사를 돌이켜보면 오히려 안정되어 있던 시대를 찾아보기가 더 어렵다. 어떤 시대든 인간은 항상 예상하지 못한 변화와 위기를 직면해왔다. 그렇다면 안정보다는 오히려 불안정을 당연하게 여기며 '(불안정에) 어떻게 적응할 것인가'를 생각하는 쪽이 훨씬 건설적이지 않을까.

변화에 적응하고 지속적으로 성과를 올리려면, 정신을 균형 잡힌 상태로 유지하고 나아가야 할 방향을 명확하게 정해야 한다. 큰 위기나 시련에 직면하더라도 마음에 새긴 좌우일행이 있다면 금세 안정을 되찾을 수 있다. 그뿐만 아니라 격렬한 변화에도 유연하게 대처하고, 어떤 어려움도 과감하게 뛰어넘을 수 있다.

마음의 안정은 말로 이어져온 정신문화의 계승을 통해 얻어진다. 그러니 고전의 한 줄에 집약된 정신문화를 마음 깊이 새기도록 하자. 여러분이 이 책을 통해 나만의 좌우일행을 발견할 수 있다면 정말 행복할 것이다.

사이토 다카시(齋藤 孝)

"성공은 최종적인 것이 아니며,
실패는 치명적인 것이 아니다.

중요한 것은 계속 나아가는 용기다."

윈스턴 처칠

목차

4부 일류의 조건

5부 역경의 극복

⓺부 정신의 충족

사고의 원칙

자유만이
나를 주인공으로 만든다

올바른 관점을 가지려면 사람에게 현혹되지 말아야 한다.

임제의현(?~867) | 승려
『임제록』(이와나미문고)

● "부처를 만나면 부처를 죽여라"

종종 우리는 무엇에 현혹되었는지도 모르는 채 방황할 때가 있다. 이럴 때는 분명 무언가를 찾고는 있는데, 그 무언가가 명확하지 않고 어렴풋하게만 느껴진다.

이렇게 분명하지 않고 멍한 상태에 빠진 사람에게 마치 고함을 지르듯 큰소리로 꾸짖어 정신이 들도록 만드는 데에 뛰어난 소질을 가진 사람이 있다. 바로 중국 당나라의 선승이며 임제종^{臨濟宗, 중국 불교 선종 5가의} 한 종파의 시조인 임제의현^{臨濟義玄}이다.

임제는 문답의 명인이기도 했다. 상대방이 "부처님이 사람을 속이실 리가 없지 않겠습니까?"라고 말하면, 임제는 "그 부처가 대체 어디에 있느냐?"라고 되묻는다. 대답하지 못하고 당황하면, 그 즉시 호통을 치며 꾸짖는다. 사람에게 엉뚱한 말을 던져놓고 "뭘 망설이는 거야? 빨리 말하라고!"라며 몰아붙이는 식이다.

임제가 그런 행동을 한 이유는 상식을 단절하라고 가르치기 위해서였다. 형식에 얽매여 행동하거나 주변의 분위기에 휩쓸리는 것이 아니라 자기 머리로 순발력을 발휘해 생각하고, 그 생각대로 행동할 수 있는 자유로운 마음과 유연한 자세를 임제는 요구했다.

그의 언행을 정리한 『임제록』에 이런 문장이 있다.

올바른 관점을 가지려면 사람에게 현혹되지 말아야 한다.

그 뒤로 이런 심한 말까지 이어진다.

안이든 밖이든 만나는 모든 것들을 죽여라. 부처를 만나면 부처를 죽이고 (중략) 부모를 만나면 부모를 죽이고 (중략) 그렇게 해야 비로소 해탈할 수 있고 그 어떤 것에도 속박당하지 않으며 자유로운 인생을 구가할 수 있다.

심한 표현이지만 그 정도로 모든 것들로부터 자유로워져야 한다고 임제는 말한다.

『임제록』에는 또 이런 이야기도 있다. 언젠가 임제는 제자들에게 "너희들은 부처를 만나고 싶으냐?"라고 물었다. 제자들은 불문에서 수행 중이었기 때문에 당연히 부처님을 만나고 싶다고 대답했다. 그러자 임제는 "지금 내 앞에서 설법을 듣고 있는 네가 바로 그 부처다"라고 말했다. "나와 부처는 별개의 존재가 아니라 한 몸이다. 외부에서 답을 얻으려 하지 말고, 본인의 머리로 생각한 것을 지금 당장 실천하라"는 뜻이다.

여기에서 임제가 설파한 것은 내가 주인공이 되는 것과 빠르게 결단을 내리고 행동하는 것의 중요성이다. 내가 주인공이 된다는 것은 주인 의식을 가지고 살아간다는 의미다.

회의에 참석해도 아무런 결단을 내리지 못하고 방관자 같은 태도로 입을 꾹 다무는 사람은 주인공이 될 수 없다. 상식에 얽매이지 않고 그 자리의 주인공이 되어 최선을 다해야 한다.

어디서나 주인공이 된 듯 행동하라.
서 있는 모든 곳이 진실될 것이다.

이것이야말로 '해탈'이라고 임제는 설파한다.

이렇게 늘 무엇에도 얽매이지 않고 재빠르게 생각하여 판단하는 습관을 갖추면 중요한 순간에 놓였을 때도 즉시 결단을 내리고 행동할 수 있다. 일을 하다 보면 여기저기서 밀려드는 독촉 때문에 힘든 순간도 당연히 있을 것이다. 그럴 때는 오히려 "(임제가 설파한) 선禪을 수행할 기회가 생겨서 정말 운이 좋다"라고 생각하고 적극적으로 도전해보자.

 사장의 문장들

단순한 것이
가장 강력한 것이다

가장 단순한 움직임이 가장 바람직하다.

나폴레옹 보나파르트(1769~1821) | 프랑스 황제
『**나폴레옹 자서전**』(아사히신문사)

● 문제가 쌓여 있을 때는 일단 정리부터 하라

눈앞에 해결해야 할 문제들이 산더미처럼 쌓여 있을 때 사람들은 흔히 "마음이 정리되지 않는다"라고 말한다. 그러나 사실에 근거해 합리적으로 생각하다 보면 문제가 어디에서 발생했고 어떻게 해결해야 하는지 해결책을 찾을 수 있다.

이 '합리적 사고'를 최대한 활용한 사람이 프랑스의 나폴레옹 보나파르트^{Napoleon Bonaparte}다. 그는 당시 프랑스 변방이었던 코르시카섬에서 태어나, 일개 병사에서 시작해 전쟁에서 연전연승을 거두며 마침내 황

제의 자리까지 올랐다. 세습이 아니라 자력으로 이렇게까지 출세했다는 것은 나폴레옹이 비범한 두뇌를 가지고 있었다는 증거이기도 하다.

우리에게 나폴레옹은 전쟁광이라는 이미지가 강하지만, 그의 공적은 그야말로 다채롭다. 일본을 비롯한 세계 각국의 근대 민법에 영향을 끼친 '나폴레옹 법전'을 제정했고, 행정이나 교육의 다양한 제도를 정비했다. 은행을 설립해서 통화의 안정을 도모하는 등 근대 국가의 시스템을 완성하기도 했다.

그런 나폴레옹의 핵심이 된 것은 철저하고 합리적인 사고였다.『나폴레옹 자서전』에는 이런 문장이 있다.

전쟁에서 복잡한 움직임은 필요 없다. 가장 단순한 움직임이 가장 바람직하다.

사물의 본질을 파악하고 합리적으로 판단해서 행동하라는 뜻이다. 지나치게 복잡하게만 생각하는 사람은 정작 본질을 놓치기 때문에 이것저것 망설이며 혼란스러워한다. 사실 성공하는 사람일수록 단순하게 생각하고 간단하게 행동한다.

본질을 파악하려면 사실로 눈을 돌려보면 된다. 또 다른 책인『나폴레옹 언행록』에도 이런 말이 있다.

　　　　　　　　　　　　　사장의 문장들

천재는 사실을 바탕으로 사색하는 사람이다.

그러니 우리도 혼란스러울수록 눈앞의 사실에 주목해야 한다.

나는 학생들과 상담할 때 그들의 이야기를 종이에 적고 '바꿀 수 없는 현실'과 '바꿀 수 있는 현실'로 구분한다. 그리고 후자에 주목하여 현실을 바꾸기 위해 할 수 있는 것들을 적어나간다. 그러다 보면 감정이나 주관이 배제되고 사실만 남는다. 학생들은 그렇게 문제의 정체를 깨닫고 "이런 거였네요" 하며 마음의 안정과 해답을 찾는다.

나는 고등학생 때부터 이렇게 친구들의 상담 내용을 종이에 정리해왔다. 어떤 지인에게서는 해외에서 가지고 온 물건 중 기억에 없는 물건이 들어 있다는 상담을 받은 적도 있다. 경위를 물어 사실만을 종이에 정리한 결과, "(이 물건을) 넣을 기회가 있었던 사람은 이 사람뿐이야"라며 넣은 사람을 특정하기도 했다.

이처럼 아무리 혼란스러울 때 사실에 집중하면 단순한 해답에 도달할 수 있다. 여러분도 문제에 직면하면 종이에 정리부터 하는 습관을 들여보자.

남의 삶을 사느라
내 시간을 낭비하지 마라

우리에게는 약간의 시간밖에 없는 것이 아니다.
오히려 많은 시간을 낭비하고 있다.

루키우스 안나이우스 세네카(기원전 27~기원후 68) | 철학자
『짧은 인생에 관하여 외 2편』(이와나미문고)

● **일이 마음처럼 진행되지 않는 이유**

현대인은 입버릇처럼 바쁘다는 말을 사용한다. 일도, 일상생활도 해야 할 일이 산더미처럼 쌓여 있어서 개인 시간이 더 많았으면 좋겠다고 생각할 때도 있을 것이다.

그런 현대인들에게 제정 로마 시대의 철학자 루키우스 안나이우스 세네카Lucius Annaeus Seneca는 자신의 저서 『짧은 인생에 관하여 외 2편』을 통해 묻는다. 우리에게 주어진 시간은 정말 짧은 것일까?

세네카는 이 책의 서두에서 "대다수의 사람은 인생이 너무 짧다고

한탄한다"라고 기록하고 있다. 아무래도 2000년 전에도 사람들의 기본적인 고민은 비슷했던 듯하다. 그리고 이런 한탄에 대해 세네카는 단도직입적으로 지적한다.

우리에게 주어진 시간이 부족한 것이 아니라 우리가 많은 시간을 낭비하는 것이다. 인간의 삶은 전체를 훌륭하게 활용한다면 충분히 긴 시간이고, 그동안 얼마든지 위대한 일도 완수할 수 있다.

이 문장만으로도 깜짝 놀라는 사람이 많을 것이다. 그러나 세네카는 더 나아가 인간을 '바쁘게 살다 죽는 사람'과 '여유를 누리는 사람' 두 종류로 나눈다.

현대사회에서는 SNS를 확인하거나 포스트를 올리느라 시간을 낭비하는 쪽이 '바쁘게 살다 죽는 사람'이라고 할 수 있다. 반면에 일을 제대로 해내면서도 여유가 있고, 시간을 효과적으로 활용해 인생을 충실하게 보내는 사람도 있다. 이런 사람이 '여유를 누리는 사람'일 것이다. 여러분은 어느 유형에 속하는가?

나는 비교적 여유로운 사람이다. 대학에서 학생들을 가르치고 책을 내고 TV에 출연하는 등 다양한 일을 하고 있어서 바빠 보일 수도 있다. 하지만 매일 충분히 독서나 영화 및 스포츠 관람도 즐기고 있기 때

문에 바쁜 느낌은 거의 없다. SNS도 하지 않아서 일만 끝나면 시간을
마음대로 사용할 수 있다.

일할 때도 시간을 효율적으로 사용하기 위해 항상 스톱워치를 근처
에 둔다. 오늘 회의를 20분 안에 끝내겠다고 정하면, 시간을 재면서 회
의를 진행해 반드시 20분 안에 끝낸다. 스톱워치를 사용하면 시간의
밀도가 높아져 일이 술술 풀리기 때문에 적극적으로 추천한다.

나의 시간을 낭비하지 않는 것도 중요하지만 남의 시간을 낭비하지
않는 것도 중요하다.

나는 늘 사람들에게 시간을 빌려달라고 요구하는 자들이
있고, 그 요구를 받아들여 쉽게 시간을 빌려주는 자들이 있
다는 사실에 놀라움을 금치 못했다.

세네카가 이렇게 말했듯 실제 직장에서도 "10분 정도 괜찮으실까
요?"라고 상대에게 시간을 요구하는 경우를 자주 볼 수 있다. 요구받은
쪽도 대부분 흔쾌히 수락한다. 그러나 결국에는 10분이 한 시간으로
늘어지게 되어 시간을 질질 낭비해버리기도 한다.

이렇게 서로의 시간을 낭비하지 않으려면 회의가 정말 필요한 것인
지 생각해봐야 한다. 나는 "회의를 하고 싶은데 한 시간 정도 괜찮으실
까요?"라는 말을 들으면 목적을 먼저 확인한다. 만약 그 목적이 TV 프

로그램의 취지를 설명하고 싶다는 것일 때는 기획서를 메일로 받으면 된다. 그러면 굳이 나의 한 시간을 '빌려줄' 필요가 없고, 상대방 역시 자신의 한 시간을 낭비하지 않아도 된다.

● 시간은 돈보다 귀한 자원이다

왜 많은 사람들은 가볍게 시간을 빌리고 빌려줄까. 세네카는 그 이유가 시간은 눈에 보이지 않는 무형이라서 쉽게 가치 없는 것으로 여겨지기 때문이라고 지적한다. 만약 시간이 돈처럼 형태를 가지고 있다면 그렇게 쉽게 빌려달라고 말하지 못했을 것이다. 부탁받는 쪽도 거절하는 경우가 많지 않았을까.

그러나 세네카는 시간이 돈보다 귀중하다고 생각했다. 돈은 낭비해도 다시 벌 수 있을지 모르지만, 지나간 시간은 절대 돌아오지 않는다.

다른 무언가에 바삐 쫓기며 살아가는 인간의 치졸한 정신은 노년에 갑작스러운 습격을 당한다.

일본에는 '우라시마 타로浦島太郎'라는 설화가 전해진다. 설화 속 '타로'라는 이름의 어부는 바닷가에서 거북이를 구해준 보답으로 용궁에 가게 된다. 그는 시간의 가치를 깨닫지 못하고 용궁에서 함부로 세월을 낭비하다가 지상으로 돌아온다. 돌아와 문득 정신을 차려보니 타로는 어느새 노인이 되어 있었다는 이야기다.

어부 타로처럼 비참한 결말을 맞이하고 싶은 사람은 없을 것이다. 만약 매일 쫓기듯 바쁘게 살고 있다면 시간을 사용하는 방법을 되돌아보고 '여유를 누리는 사람'을 목표로 삼아보는 것은 어떨까.

물론 지금까지 정신없이 바쁘게 지내던 사람이 갑자기 한가한 상황에 놓이면 "남는 시간에 무엇을 해야 할지 모르겠다"며 당황하는 경우도 많다. 세네카는 그런 사람들에게 이렇게 조언한다.

모든 사람 중 유일하게 영지(철학)를 위해 시간을 사용하는 사람만이 한가한 사람이며, (정말로) 살아 있는 사람이다.

즉, 지^知의 세계에서 시간을 보내는 것이 인간에게 가장 큰 행복이라는 것이다. 지식과 지혜가 필요한 것은 비단 학문만이 아니다. 하이쿠俳句, 일본 정형시의 일종를 짓거나 악기를 연주하거나 분재를 가꾸는 등 흥미를 느끼는 일에 적극적으로 임하고 창의성을 발휘하는 것도 훌륭한 지적 활동이다. 스스로 적극적으로 활동할 수 있는 사람은 나이를 먹어도 얼마든지 생기 넘치는 나날을 보낼 수 있다.

더 많이 생각할수록
더 큰 차이를 만든다

좋은 아이디어를 낳는 방법은
좋은 아이디어를 생각해낼 확률을 높이는 것이다.

모리오카 쓰요시(1972~) | 사업가
『USJ의 롤러코스터는 왜 뒤로 달렸을까?』(카도카와문고)

● 위대한 아이디어는 처음에는 늘 어리석어 보인다

눈앞에 있는 문제를 해결하기 위해서는 무엇이 필요할까? 바로 아이디어다. "더 많은 이익을 내고 싶다", "부진한 사업을 재건하고 싶다"와 같은 어려운 문제를 해결하고, 새로운 현실을 만들기 위해서는 아이디어의 힘이 필요하다.

글로벌 시장에서는 아이디어를 무기로 급성장하는 기업들이 속속 등장하고 있다. 우리에게 제법 친숙해진 '우버 이츠'도 집에서 편하게 음식을 배달받고 싶은 사람과 배달 일이 하고 싶은 사람을 플랫폼으로 연결한다는 아이디어가 있었기에 탄생한 비즈니스다. 좋은 아이디어를 강점으로 삼는 기업이나 개인이 늘어난다면 세계적으로 도약할 기회도 함께 생겨날 것이다.

하지만 책상 앞에서 고민만 하고 있으면 좋은 발상은 떠오르지 않는다. 좋은 아이디어를 창출하기 위해서는 무엇이 필요할까? 그에 대한 답을 가르쳐주는 책이 『USJ의 롤러코스터는 왜 뒤로 달렸을까?』이다.

저자인 모리오카 쓰요시森岡毅는 방문객이 줄어들어 침체기에 빠져 있던 유니버설 스튜디오 재팬(USJ)의 실적을 V자로 회복시킨 주역이다. 위기에 빠진 테마파크를 다시 일으켜 세우기 위해 실행한 여러 혁신적인 아이디어 중 하나가 '뒤로 달리는 롤러코스터'였다.

『USJ의 롤러코스터는 왜 뒤로 달렸을까?』에는 이 전대미문의 아이디어를 생각해낸 경위가 자세히 설명되어 있다. 모리오카는 비용을 들이지 않고 입장객을 늘리기 위해 기존의 시설을 개조하여 더 재밌는 놀이기구를 만들기로 결심한다. 그리고 매일 테마파크 안을 돌아다니며 생각했다고 한다. 반드시 좋은 아이디어가 있으리라 믿으면서 말이다.

하지만 힘들게 생각해낸 아이디어는 모두 자금 문제라는 벽에 부딪혀 실현하기 어려웠다. 모리오카는 당시에 정말 많은 아이디어를 생각해냈다고 회고한다.

그럼에도 포기하지 않고 계속 아이디어를 생각한 끝에 마침내 그에게 '그 순간'이 찾아왔다. 여느 때처럼 뭔가 좋은 아이디어가 없을까 생

　　　　　　　　　　　　　　　　　　　사장의 문장들

각하며 잠든 모리오카는 꿈속에서 낮에 보았던 롤러코스터의 영상이 거꾸로 재생되는 장면을 목격한다.

나는 용수철이 튀어 오르듯 벌떡 일어났다! 한밤중인 오전 2시 34분, 꿈속에서 마침내 아이디어의 신이 찾아왔다!

롤러코스터를 뒤쪽으로 달리게 한다는 엉뚱하고 전례 없는 그의 제안에 기술진도 처음에 "그건 무리입니다"라고 강력히 반대했다. 하지만 신중하게 안전성을 검증한 결과, 전혀 문제가 없음이 밝혀졌다. 그리고 2013년 봄에 '할리우드 드림 더 라이드~백드롭~'이라는 이름으로 오픈하게 된다. 이후 이 '뒤로 달리는 롤러코스터'는 9시간 40분이라는 최장 대기 시간을 기록할 정도로 엄청난 인기를 얻는다. 모리오카는 이 경험을 통해 아이디어의 신의 정체는 '확률'임을 깨닫는다.

좋은 아이디어를 떠올리는 것도, 떠올리지 못하는 것도 확률이다. 즉, 좋은 아이디어를 만드는 방법은 좋은 아이디어를 떠올릴 확률을 높이는 방법이다.

그리고 책에서는 그 방법에 대해서도 구체적으로 설명하고 있다. 핵심은 '목적→전략(필요조건)→전술(아이디어 그 자체)'의 순서로 생각하는 것이다. 목적은 "달성해야 할 목표는 무엇인가?", 전략은 "목표 달성을 위해 경영자원을 어디에 집중할 것인가?", 전술은 "(전략을) 구체적으로 어떻게 실현할 것인가?"를 의미한다.

아무런 단서도 없이 아이디어를 찾으면 막대한 시간을 낭비하게 되고 확률은 떨어진다. 그래서 모리오카는 이 프레임워크를 이용하여 아이디어라는 보물이 어디에 묻혀 있는지 위치를 파악한 뒤 두뇌를 최대한 가동해야 좋은 아이디어를 떠올릴 확률이 높아진다고 말한다.

● 사고의 효율을 끌어올리는 파워 타임

다만 프레임워크를 이용해 생각할 포인트를 좁혔다고 해도 그 후에 필사적으로 생각하지 않으면 결국 좋은 아이디어를 발견할 수 없다. 모리오카의 말에 따르면 자나 깨나 매일 쉬지 않고 아이디어를 생각하다 보면, 뇌는 지치지만 오히려 의식은 맑아져서 극도로 차분하게 집중할 수 있는 상태가 된다고 한다. 아이디어는 바로 그럴 때에 떠오른다는 것이다.

뇌의 이런 상태를 인위적으로 만들어내기 위해 모리오카는 일부러 뜨거운 욕조에 몸을 담그고 이렇게까지 했다고 한다.

의식이 멀어지는 게 빠른지 아이디어가 떠오르는 게 빠른지, 나 자신을 몰아붙이는 10분 간의 파워 타임을 설정했다.

사실 나도 모리오카와 비슷한 경험이 있다. 대학원 시절, 연구 아이디어를 짜내기 위해 수영장에서 잠수한 적이 있다. 숨을 쉴 수 없어서 뇌가 괴로운 상태일 텐데 묘하게도 물에 잠겨 있으면 좋은 아이디어가 계속해서 떠올랐다. 정말 신기한 일이었다. 어쩌면 이것도 자기 자신을 극한의 상태로 몰아넣는 '파워 타임'이었는지 모른다.

지금은 대학에서 아이디어를 만드는 기술을 익히는 수업을 진행하고 있다. 예를 들어 학생들에게 인기 있는 가수의 음악을 들려준다. 그다음 곡이 끝날 때까지 가사를 잘 듣고, 이상하다고 느낀 점을 20개 적어서 내라는 과제를 준다. 그러면 학생들은 짧은 시간에 필사적으로 집중한다. 발상을 위해서는 이런 질문이 필요하다. 이렇게 과제를 반복하면서 아이디어를 내는 기술을 연마한다.

앞으로는 이론보다 아이디어 싸움이다. 이런저런 이론을 늘어놓는 것보다 아이디어로 승부를 내는 사람이 더욱 많아지기를 기대한다.

나와 남을
동등하게 사랑하라

분란이 일어나는 이유는 서로 사랑하지 않기 때문이다.

묵자(생몰년 미상) | **사상가**
『**묵자**』(고단샤학술문고)

● 사랑과 이해야말로 가장 확실한 방어다

일상적인 대화에서 타인으로부터 공격받았다고 느끼는 경우가 종종 있다. 상사에게 실수를 지적받았을 때, 고객에게 강한 불만 사항이 들어왔을 때, 부하 직원이 애로사항을 이야기했을 때 등 누구에게나 그런 경험이 있을 것이다.

그럴 때 나도 날을 세우고 반격하면 순식간에 상대와의 전쟁에 돌입한다. 그러나 상사나 고객과 대립해봤자 결국 나만 난처해진다. 부하 직원에게 화를 내면 부하 직원을 괴롭히는 '권력형 상사'라는 낙인만

　　　　　　　　　　　　　　　　　　　　　사장의 문장들

찍힐 뿐이다. 어느 쪽이든 '공격받았으니 상대에게 되갚는다'는 대처법은 나쁜 결과를 낳는다.

그렇다면 공격을 받았을 때 어떻게 대처해야 좋을까? 이때 참고할 것이 묵자墨子의 가르침이다. 묵자는 직접 쓴 책은 남기지 않았지만, 제자들이 기록한 『묵자』를 통해서 그의 사상이 후대에 전해지고 있다.

중국 춘추전국시대 사상가인 묵자는 전란의 세상에 살았던 인물로. 그 시대와는 어울리지 않는 사상을 주창한 것으로 알려져 있다. 그중에서도 유명한 것이 '겸애兼愛'와 '비공非攻'이다.

겸애는 나와 남을 구별하지 않고 사랑하는 사상이다. '겸'은 둘 사이에 다리를 놓는다는 의미가 있다. 즉, 자신과 타인을 하나의 다리로 연결하여 양쪽을 똑같이 사랑하라는 가르침이다.

혼란이 무엇에서 비롯되는지 살펴보면, 서로 사랑하지 않음에서 비롯된다.

서로 사랑하지 않기 때문에 분란이 일어나는 것이다. 『묵자』에서도 이 가르침은 여러 번 반복된다.

또 다른 비공은 말 그대로 스스로 공격하지 않겠다는 뜻이다. 당시로서는 보기 드물게 묵자는 전쟁이 바람직하지 않다고 생각했다. 『묵자』에도 침략 전쟁은 불의라고 비난한 대목이 있다.

지금 큰 불의를 저지르며 다른 나라를 공격하기에 이르렀는데, 이를 잘못된 것(非)으로 여기지 않는다.

묵자는 한 명을 죽이면 사형죄가 적용되니까 백 명을 죽이면 백 배의 사형죄가 적용되어야 한다고 말한다. 다른 나라를 침략하며 그렇게 큰 불의를 저지르는데도 아무도 비난하지 않는 것으로도 모자라, 오히려 침략을 칭송하며 정의의 전쟁으로 미화하는 현실에 분노한다.

묵자의 흥미로운 점은 전쟁을 부정하는 한편 자신이 공격당했을 때를 대비하여 방어 기술을 철저히 연마했다는 것이다. 제자들과 함께 세운 사상 집단인 묵가墨家는 성을 지키는 뛰어난 기술을 갖춘 방어 집단이기도 했다.

나와 남을 동등하게 사랑하고, 절대로 남을 공격하지 않는다. 그러나 공격받으면 확실하게 방어한다. 이것이 묵자의 가르침이다.

● 상대방의 실수를 직접적으로 지적하지 말라

묵자의 사상은 현대의 우리에게도 많은 도움이 된다. 예를 들어 실수를 저질러 상사에게 꾸중을 들었을 때 인신공격을 받았다고 생각하면 즉시 반격하고 싶어진다. 하지만 묵자의 가르침을 생각해보면 이럴 때는 방어에 전념해야 한다.

우선 겸애의 가르침에 따라 상대를 이해하기 위해 노력한다. 상사를

  사장의 문장들

사랑하기는 어렵더라도 "나와 같은 인간이니까 충분히 이해할 수 있다"라고 생각해보자.

그러면 마음도 안정되고 상대가 왜 그런 말을 했는지 냉정하게 생각해볼 수 있다. 꾸중을 듣는 순간에는 인신공격을 받은 것처럼 느껴졌지만, 잘 생각해보면 상사는 "이런 부분을 고쳐주면 좋겠는데, 할 수 있겠어?"라고 확인했을 뿐인 경우가 많다.

일어난 일을 이해하기 위해 노력하는 것도 효과적으로 방어하는 수단이다. 상사가 "왜 이 일을 보고하지 않았나?"라고 묻는다면 발끈해서 그 즉시 대꾸할 것이 아니라 일단 사실관계를 확인해야 한다. 상사에게 보낸 메일을 시간순으로 정리해 자신이 제대로 보고했음을 확인했다면 그 사실을 상대방에게 알리면 된다.

이때 "제 실수가 아니고 이사님 실수입니다"라는 식으로 말하는 태도는 금물이다. 상사는 반격당했다는 생각이 들어, 결국 전쟁이 시작될 수도 있다.

이런 상황에서 유용한 표현이 '오해'라는 말이다. "메일을 확인했더니 이 부분에서 오해가 있었던 것 같습니다"라고 말하면 어디까지나 사실을 전달했으므로 상사에 대한 공격이 아니다. 상사도 자신의 착각이라는 사실을 확인했기 때문에 어색하거나 민망해하는 일 없이 자연스럽게 사과할 수 있다.

겸애와 비공의 가르침을 마음에 새기면 방어 능력을 높일 수 있다.

스포츠 세계에서도 수비가 탄탄한 선수일수록 좋은 전적을 올린다. 세르비아의 테니스 선수 노박 조코비치^{Novak Djokovic}가 이런 유형으로, 그는 상대가 어느 곳을 공격해도 철벽같은 수비로 공을 쳐낸다. 그것이 압도적인 강인함의 비결이다.

이렇듯 묵자는 공격보다 수비에 능한 사람이 더욱 강하다는 사실을 우리에게 가르쳐준다.

객관적 판단이
성장의 비결이다

눈으로 앞을 보고 마음은 뒤에 둔다.

제아미(1363?~1443?) | 예능인
『제아미젠치쿠』(이와나미문고)

● **잊어서는 안 되는 세 가지 초심**

새로운 직책을 맡거나 처음 도전하는 일에 임할 때 딱 들어맞는 격언으로 "초심을 잃지 말라"가 있다. 유명한 말이지만 이 말이 누구의 말인지 모르는 사람도 있을 것이다.

이것은 무로마치 시대에 '노能, 가마쿠라 시대 후기에 발원하여 무로마치 시대 초기에 완성된 일본의 가무극'를 대성시킨 제아미世阿弥가 한 말이다. 이 격언을 처음의 신선한 기분을 잊어서는 안 된다는 뜻으로 이해하는 사람이 많을 텐데, 여기서 제아미가 말하는 초심은 '미숙함과 서투름'을 의미한다.

제아미는『화경』이라는 책에서 초심에 관한 세 가지를 말한다.

첫째는 "시비是非의 초심을 잊지 말라." 이것은 '성공(시)'과 '실패(비)'를 반복하는 젊은 시절의 미숙함을 잊어서는 안 된다는 것이다. 경험이 많이 쌓였어도, 이제 꽤 능력이 있다고 생각하며 만족하지 말고 서툴렀던 시절을 되돌아보며 방심하지 말 것을 강조한다.

둘째는 "매 시기 초심을 잊지 말라." 30대에는 30대의 초심이 있고, 40대에는 40대의 초심이 있듯이, 매 시기마다 그에 맞는 초심이 있다는 뜻이다. 같은 일을 하더라도 입장이나 환경이 바뀌면 새로운 국면을 맞이한다. 그러면 당연히 새로운 미숙함과 서투름도 생긴다. 그 점을 잊어서는 안 된다는 교훈이다.

그리고 셋째는 "노년의 초심을 잊지 말라." 이에 대해 제아미는 이렇게 말한다.

생명에는 끝이 있지만 '노'에는 끝이 없다.

말 그대로 사람의 생명에는 끝이 있지만, 노라는 예술에는 끝이 없다는 뜻이다. 아무리 나이를 먹어도 아직 미숙한 사람처럼 기예를 연마해야 한다는 의미다.

이 "노년의 초심을 잊지 말라"를 실현한 사람이 제아미의 아버지인 간아미観阿弥다. 아들과 함께 노를 극한까지 끌어올린 간아미는 50대에 사망하기 직전까지 무대에 올라 멋진 춤사위를 선보였다.

제아미는 저서『풍자화전』에서 그런 아버지의 모습을 "늙은 나무에 꽃이 핀다"라고 표현했다. 젊기 때문에 매력적으로 보이는 기예는 '한철의 꽃'이고 나이를 먹으면 사라진다. 반면 늙어도 사라지지 않고 남는 기예야말로 '진정한 꽃'이다. 자신의 미숙함을 평생 잊지 않고, 계속해서 기예를 갈고닦는 것의 중요성을 가르쳐주는 구절이다.

● 다른 사람의 눈에 비치는 내 모습을 상상하라

제아미는 자신의 시장가치를 어떻게 높여야 할지 끊임없이 고민한 뛰어난 마케팅 감각의 소유자이기도 했다. 예술의 세계에는 라이벌이 많았고, 그들과의 치열한 경쟁 속에서 살아남아야 했기 때문이다.

제아미는 항상 상대가 그 자신의 기예를 스스로 어떻게 받아들이는지를 의식했다.『화경』에는 이런 마음가짐이 기록되어 있다.

눈으로 앞을 보고 마음은 뒤에 둔다.

눈은 앞을 보고 있어도 마음은 다른 곳에 두고, 한 걸음 떨어진 곳에서 자신의 모습을 객관적으로 바라본다. 이것이 눈으로 앞을 보고 마음은 뒤에 두는 '목전심후目前心後'의 상태다. 이렇게 또 하나의 관점을 가지는 것을 제아미는 '이견지견離見之見'이라고 표현했다.

무대에 서서 연기를 하는 사람이라면 객석에서 본 자신이 어떤 모습일지 의식한다. 교사라면 학생 자리에 앉아 칠판 앞의 자신이 어떻게 비칠지 생각해본다. 프레젠테이션을 하는 직장인이라면 그것을 듣는 상사나 고객에게 어떻게 보일지를 의식한다. 이것이 이견지견이다. 요즘은 발표하는 자신의 모습을 스마트폰으로 촬영해서 나중에 돌려볼 수 있기 때문에 누구나 쉽게 이견지견을 실천할 수 있다.

자신을 객관적으로 바라볼 수 있으면 태도나 자세를 적절히 수정하는 것이 가능하다. "발표할 때는 더 활기차게 설명해야겠다고 생각했는데, 객관적으로 보니 너무 흥분한 느낌이 드는데"라는 식으로 차분히 내 모습을 파악할 수 있고, "다음에는 목소리를 좀 더 낮추고 천천히 설명해야겠어"와 같은 수정도 가능해진다.

하지만 자신을 객관적으로 바라볼 수 없는 사람은 수정할 기회가 없다. 나의 행동이 상대에게 위화감이나 불쾌감을 주었다고 해도 그것을 깨닫지 못하고 다음에는 더 활기차게 말해야겠다는 식으로 잘못된 노력을 기울이게 될 수도 있다.

자신을 객관적으로 바라보고 반성할 수 있는 사람은 항상 초심을 잃지 않고 실력을 늘려나갈 수 있는 사람이기도 하다. "초심을 잃지 말라"는 가르침을 실천할 때, 이 이견지견도 함께 의식하는 것이 좋다.

제아미는 "숨기면 꽃이 된다", "아무것도 하지 않아서 재미있다" 등 마음을 울리는 명언을 많이 남겼다.

전자는 무엇이든 비밀스러운 부분이 있어야 가치가 있다는 뜻이다. 손안의 모든 것을 다 보여주면 쉽게 질려버린다는 사고방식은 경쟁사회를 살아가는 비결이기도 하다.

후자는 아무것도 하지 않는 상태를 재미있어하는 마음가짐이다. 상사가 부하 직원의 일까지 해주는 것이 아니라 아무것도 하지 않고 지켜보다가 필요할 때만 자연스럽게 도와주는 것, 베테랑에게는 그런 즐거움도 있다고 알려준다.

제아미의 말은 현대적인 메시지로 가득 차 있다는 점이 매력적이다.

천재는 즐기는 자를
이길 수 없다

얼마나 즐기면서 살 것인가?

미하이 칙센트미하이(1934~2021) | 심리학자
『플로우: 기쁨의 현상학』(세카이시소샤)

● 일은 놀이처럼, 놀이는 일처럼

같은 일을 해도 쉽게 피로를 느끼는 사람과 항상 활기찬 사람이 있다. 아마도 전자는 '일은 돈을 벌기 위해서 자신의 시간을 팔아넘기는 것'이라고 생각하기 때문이 아닐까? 만약 그렇다면 그 사람에게 업무 시간은 귀찮고 하기 싫은 일을 그저 참고 견뎌야 하는 고통스러운 시간이 되어버린다. 그래서 큰 피로를 느끼는 것이다.

그렇다면 우리는 언제 피로를 덜 느낄까? 그 해답을 제시한 사람이 헝가리의 심리학자 미하이 칙센트미하이^{Mihaly Csikszentmihalyi}다. 그는 저서 『플로우: 기쁨의 현상학』에서 '플로우Flow, 몰입'라는 개념을 제안했다.

칙센트미하이에 따르면 플로우는 '의식이 균형 있게 질서 잡힌 심리 상태'를 나타내는 말이다. 즉, 일이나 작업이 물 흐르듯 순조롭게 풀리는 상태라고 생각하면 된다.

플로우에서는 몸과 의식이 자연스럽게 연동되어 일을 순조롭게 진행할 수 있다. 그러므로 피로를 느끼지 않는다. 플로우에 들어가면 피곤하기는커녕 오히려 현재의 일을 즐기게 된다.

칙센트미하이는 플로우에 들어가는 사람에게서 '자기목적성'이 발견된다고 말한다. 그들은 어떤 일을 해서 얻을 수 있는 보상 때문에 그 일을 하는 것이 아니라 그 일 자체를 목적으로 삼아 즐기면서 한다.

예를 들어 교사 중에는 "반복되는 수업과 끊임없는 학부모들의 요구에 지쳐 그만두고 싶지만 돈을 벌기 위해 어쩔 수 없이 계속한다"라고 생각하는 사람이 있을 것이다. 그런 한편으로 "나는 학생들이 기뻐하는 모습을 보고 싶어서 이 일을 시작한 것이기 때문에 급여와 관계없이 수업을 즐기고 싶다"라고 생각하는 사람도 있다. 이런 사람이 자기목적성을 가진 사람이다. 이것은 타고난 성격이 아니라, 사회인이라면 누구나 훈련을 통해서 익혀야 할 사고 습관이다.

행위 자체를 즐긴다는 것은 곧 '놀이'로 생각한다는 것이다. 칙센트미하이도 장자莊子가 설명하는 '유遊'라는 개념이 플로우를 가리킨다고 설명하며 이런 질문을 던졌다.

어떻게 즐기면서 살 것인가?

눈앞의 대상에 몰입하고 에너지를 쏟으면 일조차도 일종의 '놀이 상태(유)'가 된다.

칙센트미하이는 검도, 궁도, 다도의 예법 등이 플로우 그 자체라고 말한다. 이런 활동들은 대상에 집중하는 기술을 연마함으로써 몸과 정신이 연동되는 행복을 맛볼 수 있게 하고, 수련 속에서 놀이의 감각을 느끼게 한다. 그래서 예로부터 다양한 예법을 익혀온 한국, 중국, 일본 등 대다수 동아시아인에게 플로우가 친숙한 것이다.

플로우의 핵심은 기술과 도전의 균형이 잡는 데에 있다. 지금 내가 갖춘 기술에 비해 도전 과제의 난도가 너무 낮거나 너무 높으면 놀이가 되기는 어렵다.

여러분도 놀이에 몰입하는 감각을 떠올려보자. 그 감각을 의식해서 일에 적용한다면 플로우에 쉽게 진입할 수 있으며 지치지 않는 몸과 마음을 만들 수 있다.

자유가 곧
힘을 만든다

통찰력, 판단력, 식별력, 학습력, 나아가 도덕 감정까지 포함하는
인간의 모든 능력은 선택해야만 단련할 수 있다.

존 스튜어트 밀(1806~1873) | 철학자, 경제학자
『자유론』(고분샤고전신역문고)

● 상식을 따를수록 행복은 줄어든다

일본은 흔히 '동조 압력^{同調圧力, Peer pressure}'이 강한 나라라는 평가를 받는다. 모두 하고 있다는 이유로 자신도 똑같이 행동하는 사람이 많다는 의미다. 그러면서 모두와는 다른 '약간 특이한 사람'이 있으면 일단 거리를 두고 그 사람을 멀리하거나 교정하려 한다. 이쯤에서 '자유란 무엇인가?'에 관해 생각해보자.

일반적인 가치관과는 다른 생각과 행동을 하는 사람이 있다고 한들, 그것을 저지하는 행위는 그 상대의 자유를 침해하는 것일지도 모른다.

물론 "자유가 중요한 것은 알지만, 그래도 한계가 있다. 모든 사람이 제멋대로 행동한다면 사회 질서가 무너진다"와 같은 의견도 있다.

그렇다면 개인의 자유에 어디까지 간섭할 수 있을까. 이 물음에 대해서 명쾌한 답을 주는 것이 19세기 영국을 대표하는 철학자이자 경제학자인 존 스튜어트 밀^{John Stuart Mill}의 『자유론』이다. 밀은 이 책의 목적이 지극히 단순한 원리를 제시하는 데 있다고 말한다.

> 개인이든 집단이든 다른 인간의 '행동의 자유'에 간섭하는 것이 정당화될 때는 자위(自衛)를 위한 경우에 한한다.

즉, 그 사람의 행동이 다른 사람들에게 해를 끼치는 경우에만 스스로를 지키기 위한 반격이나 방해와 같은 힘의 행사가 허용된다. 하지만 그 밖의 경우에는 상대가 하고자 하는 일을 방해하면 안 된다.

만약 한밤중에 주택가에서 색소폰을 부는 사람이 있으면 주변 사람들은 수면을 방해받고 건강을 해칠 수 있다. 따라서 이런 경우에는 색소폰을 불지 못하게 하는 행위가 정당화된다.

반면 특이한 복장으로 거리를 활보하는 사람이 있어도 그것이 공공 질서나 미풍양속을 해치는 정도가 아닌 이상 누구에게도 폐를 끼치지는 않는다. 그래서 다른 사람이 그 행위를 그만두게 하거나 방해하는 것은 부당하다.

밀이 제시하는 것은 개개인이 발휘하는 개성의 중요성이다. 다양한 성격의 인간이 다양한 의견을 가지고 다양한 생활방식을 시도하며 다양하게 자기를 표현하는 것은 그에게 악이 아니라 선이다.

나아가 밀은 자신의 성격이 아닌 세상의 전통이나 관습을 행동의 기준으로 삼으면 다음과 같은 문제가 생긴다고 지적한다.

인간을 행복하게 만드는 중요한 요소가 상실된다.

우리가 행복하기 위해서는 모든 사람이 일률적으로 생각하고 똑같이 행동할 것이 아니라 약간 특이한 사람이 많아야 한다.

● **가장 나다운 것이 가장 강한 것이다**

항상 전통이나 관습만을 따르는 사람은 인간으로서의 능력도 길러지지 않는다고 밀은 말한다.

통찰력, 판단력, 식별력, 학습력, 나아가 도덕성까지 포함하는 인간의 모든 능력은 선택해야만 단련할 수 있다.

모두가 하고 있다는 이유로 주변을 따르는 사람은 스스로 좋은 것을 찾거나 구분하는 선택의 작업을 하지 않는다. 그래서 통찰력이나 판단력이 길러지지 않고, 다른 사람의 말이나 인터넷상의 불확실한 정보를 믿기 쉽다.

밀은 인간의 지적 능력이나 정신력도 근육과 마찬가지로 자주 사용해야 단련할 수 있다고 말한다. 스스로 선택하는 훈련을 반복하지 않으면 이런 능력은 절대 갖추어지지 않는다. 물론 스스로 선택했는데 실패할 수도 있다. 하지만 뼈아픈 경험을 겪어야만 큰 배움이 있고, 배움이 있어야만 힘을 키워나갈 수 있다.

누구나 각자의 개성을 발휘하고 사회 전체가 약간 특이한 사람에게 너그러워진다면 뛰어난 재능도 육성하기 쉬워진다.

천재가 나타나려면 천재가 육성될 수 있는 토양을 갖추어야 한다. 천재는 자유라는 분위기 안에서만 자유롭게 숨을 쉴 수 있다.

밀은 천재에 대해 "다른 누구보다 훨씬 개성적이다"라고 표현했다. 우리도 충분히 공감할 수 있는 말이다. 야구에서도 왕정치王貞治의 '외다리 타법'이나 스즈키 이치로鈴木一朗의 '시계추 타법', 노모 히데오野茂英雄의 '토네이도 투구법' 등 천재들의 폼은 정말 개성적이다.

일본 야구계에 잇달아 천재가 나타나는 이유는 천재가 자랄 수 있는 토양을 가꾸었기 때문이다. 팬들도 다양한 유형의 선수가 나오는 것을

　　　　　　　　　　　사장의 문장들

즐기고, 그 개성을 응원하는 분위기가 있기에 타고난 재능을 더욱 발전시킬 수 있다. 투수와 타자를 겸하는 오타니 쇼헤이大谷翔平의 '이도류二刀流'도 야구 문화가 더욱 성숙해지고, 다양한 개성을 갈고닦을 수 있도록 응원하는 환경이 갖추어진 덕분에 가능했다.

개성을 짓밟고 손가락질하는 것이 아니라 서로를 인정하고 응원한다면 다양한 재능이 넘치는 사회가 만들어진다. 여러분의 직장에도 주변에서 다소 특이하다는 평가를 받는 사람이 있을지도 모른다. 그런 존재를 배제하거나 "모난 돌이 정 맞는다"며 망치질을 하기보다는 오히려 그 독특한 부분을 최대한 끌어낼 수 있도록 도와주는 것은 어떨까. 각자가 개성을 발휘하고 능력을 키워나간다면 회사나 조직은 틀림없이 더 강해질 것이다.

비즈니스도
결국 우정이다

클라이언트는 '그 무엇과도 바꿀 수 없는 소중한 친구'다.

제이 에이브러햄(1949~) | 마케터
『신역 하이파워 마케팅』(카도카와문고)

● 클라이언트를 친구라고 생각해야 하는 이유

나름대로 노력하고 있지만 어쩐지 일이 잘 풀리지 않는다. 막다른 골목에 몰린 듯 막막하다. 일이나 사업을 하다 보면 누구나 한 번쯤 이런 기분을 느끼기 마련이다. 그럴 때 추천하고 싶은 책이 『하이파워 마케팅』이다. 저자는 실천 마케팅의 거장이라고 불리는 제이 에이브러햄Jay Abraham으로, 이 책은 '마케터의 바이블'이라는 칭송을 받으며 세계적인 베스트셀러가 되었다.

이 책에는 비즈니스에서 소중히 여겨야 할 보편적 원리원칙이 적혀 있다. 내용은 매우 명쾌하고 이해하기 쉽다. 읽다 보면 "이런 기본적인 생각조차 하지 않았나?"라고 깨닫는 사람도 많을 것이다.

예를 들어 이 책에서는 고객이라는 말 대신 클라이언트를 사용한다고 밝힌다. 둘 다 같은 의미로 보이지만 '웹스터 영어사전'에 따르면 고객은 '상품이나 서비스를 구매하는 사람', 클라이언트는 '타인의 보호 아래에 있는 사람'으로 정의되어 있다. 에이브러햄은 이 둘을 구분하여 비즈니스 대상을 부를 때는 항상 클라이언트라고 생각해주길 바란다고 말한다.

비즈니스 거래를 하려면 먼저 클라이언트가 무엇을 원하는지 알아야 한다. 클라이언트가 원하는 것을 정확한 언어로 표현하지 못하더라도 그것을 파악하고 원하는 결과까지 끌어냈을 때 믿을 만한 조언자가 된다. "그 순간 클라이언트는 당신의 보호 아래에 있게 된다"라고 설명한 다음 에이브러햄은 이렇게 덧붙인다.

클라이언트는 '그 무엇과도 바꿀 수 없는 소중한 친구'다.

클라이언트를 나의 친구라고 생각하면 상대가 안고 있는 문제를 어떻게든 해결해주고 싶을 것이다. 그래서 말로 분명하게 표현하지 못하는 부분까지 파악하고 "당신에게 정말 필요한 것은 이것이군요"라고 조언할 수 있다. 그것이 "장기적이고 풍요로우며 이익을 가져다주는 관계로 이어진다"고 에이브러햄은 주장한다. 이어서 새로운 클라이언트와 처음으로 관계를 맺을 때 유의할 점에 대해서도 이야기한다.

> 새로운 클라이언트를 만날 때는 이익을 얻겠다는 생각은 버리고, 그와의 관계 유지를 최우선으로 삼아야 한다. 일단 관계가 유지되어야 진정한 이익이 발생한다는 쪽으로 발상을 전환하라.

즉, 첫 거래 때는 이익이 없더라도 일단 클라이언트 확보를 우선으로 하고, 이익은 이후 장기적인 관계 속에서 얻으면 된다는 것이다. '가입 후 30일 무료', '첫 구매 시 정가에서 90% 할인'과 같은 사례를 흔히 볼 수 있는데, 이것도 같은 사고방식에 뿌리를 둔 전략이다.

이 책은 클라이언트와 관계를 맺을 때는 상대가 느끼는 심리적, 감정적 위험 요소를 제거하는 것이 중요하다고 설명한다. 관련하여 이해하기 쉬운 사례가 있다.

어느 마을에 조랑말을 파는 사람이 두 명 있다. 한 명은 500달러, 다른 한 명은 750달러로 가격을 매겼다. 단, 후자는 클라이언트에게 "구매하기 전에 시험 삼아 한 달 동안 길러보시죠"라고 제안했다. 또, 한 달 치 먹이를 제공하고 일주일에 한 번 직원을 파견해서 조랑말을 돌보는 방법을 가르쳐주겠다는 제안도 했다.

클라이언트가 어떤 판매자에게서 조랑말을 구매했을지는 명백하다. 한 달이나 조랑말을 돌보다 보면 정이 들어 떨어지기 쉽지 않다. 그보다도 동물을 기르기 전에는 제대로 돌볼 수 있을지, 동물과 잘 맞을지 등 걱정거리가 많을 것이다. 하지만 무료 체험 기간을 제공하면 소비자는 그런 심리적 위험 요소를 제거할 수 있고, 판매자는 다른 판매자보다 강력한 우위를 점할 수 있다.

● 먼저 매력적인 비즈니스 파트너가 되자

이 책에서는 자신의 강점과 약점을 파악하는 일의 중요성도 반복해서 강조한다.

에이브러햄은 먼저 독자에게 50가지 질문을 던진다. "현재 사업을 시작한 이유는 무엇입니까?"로 시작해서 "판매를 위해 개인적으로 실천하는 노력은 무엇입니까?", "다른 사업체와 비교했을 때 당신 사업체의 가장 큰 약점은 무엇입니까?" 등의 질문이 이어진다. 이런 과정을 통해 현상을 파악한 후, 다른 사람과 차별화되는 강점을 찾아내면 일이나 사업의 성공으로 이어진다.

차별화된 나만의 강점을 확인하기 위한 키워드는 'USP[Unique Selling Proposition]', 직역하면 '고유 판매 제안'이다. 경쟁자들을 따돌리기 위한 독자적이고 매력적인 아이디어를 의미한다.

모든 비즈니스에는 저가격, 풍부한 상품 구성, 신속한 서비스 등 무언가 분명히 강점이 있을 것이다. 이를 최대한 활용하면 경쟁에서 압도적인 차이를 만들어낼 수 있다. 예를 들어 신속한 서비스라는 USP를 강조해 피자 배달 시장 최초로 '30분 안에 도착하지 않으면 공짜'라는 마케팅 전략을 내세운 것이 도미노 피자다. 도미노 피자는 이 탁월한 USP로 피자 시장을 장악했다.

클라이언트와의 관계를 소중히 여기는 것, 자신의 강점을 살리는 것 등은 비즈니스와 업무의 기본 중에서도 기본이다. 하지만 이 기본을 잊지 않고 매일 실천하는 사람이 얼마나 될까. 일이 잘 풀리지 않는다는 느낌이 들수록 기본으로 돌아가자.

목표에 집중해야
성공이 보인다

> 먼저 큰 칼을 집거늘, 어느 방식이든 그러하거니와,
> 적을 베어 내려는 뜻이니라.
>
> 미야모토 무사시(1584~1645) | 검술가
> 『오륜서』(고단샤학술문고)

● 비즈니스맨이 가져야 할 검도의 가르침

『오륜서』는 일본의 유명한 검객 미야모토 무사시宮本武蔵가 저술한 병법 지침서다. 오직 '검의 길'만을 추구한 무사시가 말년에 집필한 인생의 총결산이라 할 수 있는 책으로, 생사를 건 승부에 끊임없이 도전해온 사람만이 얻을 수 있는 보물 같은 지혜를 우리에게 전수해준다. 이 책의 고마운 점은 극한의 검술 비법을 기록한 책이면서도, 검술 외에 다양한 상황에서 응용할 수 있다는 것이다.

『오륜서』의 첫머리에서 무사시는 지금까지의 여정을 되돌아본다.

스물한 살이라는 나이에 교토로 올라와 유명한 무술가들과 몇 번이나 승부를 겨루는 동안 그는 한 번도 진 적이 없었다. 그 후 여러 나라를 돌며 다양한 유파의 검술가들과 60회 이상 승부를 겨뤘지만 역시 패배한 적은 없었다. 거기서 만족하지 않고 끊임없이 단련하여 쉰 살이 될 무렵에는 '병법의 도리'를 얻을 수 있었다. 그는 지난 세월을 돌아보며 이렇게 글을 남겼다.

병법의 도리에 의거하여 여러 예술과 여러 기능의 도(道)를 삼거늘, 만사에 있어 내게 스승이 있을 리 없도다.

검술 단련을 통해 깨달은 것을 모든 예술과 처세에 응용하면 어떤 일도 스승 없이 해낼 수 있다. 즉, 하나의 길을 극한까지 추구하면 다양한 길로 통한다는 뜻이다. 이 말 그대로 무사시는 회화나 서예에도 뛰어난 인물이었다.

물론 현대사회를 살아가며 다양한 일을 하는 우리도 무사시의 지혜를 일이나 공부에 응용할 수 있다. 『오륜서』는 검술을 다룬 책이기 때문에 칼을 잡는 방법이나 보법 등 기술적인 조언도 당연히 있다. 하지만 무사시는 "칼에는 다섯 가지 자세가 있다"라며 다섯 가지 자세를 자세히 설명한 뒤 마지막으로 이런 말을 꺼낸다.

자세를 다섯으로 나누었다 하나, 그 모두가 인간을 참살하기 위함이니, (중략) 어느 자세를 취하든 그 자세에 머무를지니라 생각 말고, 오직 베어 넘기는 것이로다 여기부리라.

"여러 가지 설명은 했지만 칼을 쥔다는 것은 결국 사람을 베기 위해서다. 어떤 자세든 적을 베기만 하면 된다"라는 뜻이다. 무사시는 이 점을 거듭 강조한다.

먼저 큰 칼을 집거늘, 어느 방식이든 그러하거니와,
적을 베어 내려는 뜻이니라.

이 말은 "어쨌든 칼을 손에 쥐었다면 무슨 수를 써서라도 적을 베는 것이 가장 중요하다. 자세 같은 기술적 부분은 어디까지나 상대를 베기 위한 수단에 불과하다고 생각하라"는 뜻이다.

● **수단에 집착하면 성과는 나오지 않는다**

이는 매우 중요한 메시지다. 오늘날에도 수단에 집착하느라 목적을 잊어버리는 사람이 많기 때문이다.

과거 일본의 축구 대표팀은 시합에 나가면 패스나 드리블은 잘하지만 골 결정력이 부족해 점수를 얻지 못할 때가 잦았다. 검객의 목적이

적을 베는 것이라면, 축구 선수의 목적은 골을 넣는 것이다. 하지만 수단에 지나지 않는 패스나 드리블에 모든 신경이 쏠리면 정작 슈팅에는 소극적인 자세를 보이게 된다. 말하자면 칼을 잡는 자세에 집착하느라 적을 벤다는 목적을 잊은 상태다.

업무 현장에서도 비슷한 일이 자주 발생한다. 프레젠테이션의 목적은 그 제안이 창출하는 이익을 설명해서 고객으로부터 수주를 받는 것인데도 파워포인트를 이용해 멋진 자료를 만드는 것이 목적이 되어버린다. 자료를 만드는 기술이 아무리 뛰어나도 중요한 제안이 상대방의 기대에 부응하지 못한다면 성과는 낼 수 없다.

한편, 기술은 크게 내세울 것이 없는데 자주 점수를 얻는 선수도 있다. 여러분의 직장에도 가진 지식이나 기술은 대단해 보이지 않는데, 업무에서 결과를 내는 유형의 사람이 있지 않은가? 이는 그가 수단이 아닌 목표에 집중하고 있기 때문이다.

물론 무사시가 기술이나 지식은 전혀 배울 필요가 없다고 말하는 것은 아니다. 중요한 것은 배움으로 얻은 내용을 활용하여 목표를 이룰 수 있도록 매일 단련하는 것이다.

거듭 단련하여 병법의 진수를 꿰뚫어 도달한 마지막 장소를 무사시는 '공도空道'라고 표현한다. 병법의 길은 본래 자유롭다. 검술을 꾸준히 단련해서 다양한 기술을 익히면 오히려 기술에 얽매이지 않고 적을 벨 수 있다. 깨달음의 경지라 부를 수 있는 이런 상태가 '공空'의 영역이다.

즉, 칼을 쥐는 자세나 보법 등의 기술을 철저하게 단련했기 때문에 하나하나 생각하지 않아도 몸이 저절로 자유롭게 움직여 적을 벤다는 목적에 집중할 수 있게 된다.

『오륜서』에는 "잘 음미하라", "잘 연구하라", "잘 단련하라"는 말이 자주 등장한다. 사물을 잘 살펴서 음미하고, 스스로 연구하고, 확실하게 단련하라는 뜻이다. 비단 검술뿐만 아니라 무슨 일이든 음미, 연구, 단련이라는 이 세 가지 과정이 중요하다.

> 천 날의 수련을 단(鍛)이라 하고, 만 날의 수련을 련(練)이라 하도다.

1000일, 1만 일의 연습을 쌓아야 비로소 '단련鍛練'이라고 부를 수 있다. 가슴에 와닿는 명언이다. 일이나 공부를 매일 꾸준히 반복하면 그 자체로 단련이 된다. 무사시가 그렇게 검술의 극한까지 도달한 것처럼 우리도 각자의 극한까지 도달할 수 있을지 모른다. 그렇게 생각하면 분명 큰 격려가 되는 말이다.

인생의 숙제를
축제로 바꾸는 비결

"자, 신나게 하자."

프리드리히 니체(1844~1900) | 철학자
『차라투스트라』 (추코문고)

● 무슨 일이든 즐기며 맞서라

살다 보면 우울한 일, 남에게 상처받는 일이 있다. 이런 괴로운 시기를 극복하려면 내면에서 긍정적인 감각을 만들 수 있어야 한다.

감각은 바로 기분이다. 재능은 마음대로 할 수 없어도 기분은 연습을 통해서 조절할 수 있다. 나는 전에 "기분 최고!"라는 글귀를 인쇄한 티셔츠를 만들어 입고 다닌 적이 있다. 그 글귀를 의식해서 읽기만 해도 항상 저절로 기분이 좋아졌다. 이처럼 밝고 긍정적인 기분을 습관화하면 마음을 평온하게 유지할 수 있다.

19세기에 활약한 독일의 철학자 프리드리히 니체[Friedrich Nietzsche]도 저서 『차라투스트라』에서 비슷한 말을 했다.

"자, 신나게 하자."

이건 주인공 '차라투스트라'의 대사다. 문장은 이렇게 이어진다.

> 싸움과 축제를 기쁘게 즐길 수 있어야 한다. 음울한 사람, 몽상에 빠진 사람이 되어서는 안 된다. 축제를 기다리듯 힘든 일을 기다릴 수 있는 건강한 사람이 되어야 한다.

즉, 니체는 "어떤 어려움도 축제를 기다리는 기분으로 대응할 수 있는, 마음이 건강한 인간을 목표로 삼아야 한다"라고 말한다. 사람은 축제 때 기분이 좋아진다. 그러니 매 순간을 축제로 여기는 '축제 감각'을 익히면 평범한 일상에서도 늘 기분 좋게 지낼 수 있다.

메이저리그에서 활약하는 야구 선수 오타니 쇼헤이의 정신력도 상당히 '축제적'이다. 오른쪽 팔꿈치 부상 때문에 한동안 투수로 출전할 수 없다는 의사의 말을 들은 날, 오타니는 타자로 출전한 경기에서 두 개의 홈런을 친다. 보통 사람이라면 누구나 우울해질 만한 그런 상황에서 평정심을 유지하는 것은 물론, 평소보다 뛰어난 집중력을 발휘한 셈이다. 이런 점에서 오타니는 초인적이라는 평가를 받는다.

니체가 말하는 '초인^{Übermensch}'은 우울함이나 질투 등 인간이라면 누구나 지닌 감정을 극복하면서 자기 자신을 뛰어넘는 존재를 말한다.

또, 니체는 '영원회귀^{永遠回歸}'를 받아들인 사람만이 초인이 될 수 있다고도 말한다. 영원회귀 사상은 지금 여기에 도달하기까지 겪은 고생과 실패가 다시 반복된다고 해도 "좋아, 한 번 더!"라고 외칠 각오가 되어 있는지 묻는다. 그만한 기개를 갖추고 가혹한 현실에 맞설 수 있는 사람은 나쁜 일을 막을 수 있는 에너지도 넘친다.

우리도 일상적으로 축제 감각을 가질 수 있다. 내가 추천하고 싶은 것은 회의나 모임에서 적극적으로 손뼉을 치는 것이다. 누군가가 낸 아이디어나 의견에 대해 "그거 좋네요!", "대단해요!"라는 식으로 칭찬하고 손뼉을 치면 그 자리는 금세 축제 분위기가 된다.

문제가 생겼을 때도 일종의 축제라고 생각하며 기분을 끌어올려보자. 그리고 무사히 해결되면 기쁜 마음으로 손뼉과 함께 마무리하자.

인간의 격을 높이는
세 가지 힘

"지혜로운 사람은 혼란스러워하지 않고, 인자한 사람은 근심하지 않고,
용감한 사람은 두려워하지 않는다."

공자(기원전 552 또는 기원전 551~기원전 479) | **사상가**
『**논어**』(치쿠마문고)

● **공자, 시대를 초월한 어른의 지혜**

2000년 이상 이어져온 고전 중의 고전이 『논어』다. 『논어』는 공자孔子
와 그 제자들이 주고받은 대화를 기록한 책으로, 공자가 세상을 뜬 후
제자들이 정리했다고 전해진다.

나는 『논어』를 현대어로 번역한 적이 있는데, 공자의 말을 만나는 시
간이 정말 즐거웠다. 요즘 사람들에게 공자는 뜬구름 위에 있는 것처
럼 가깝게 느껴지지 않을 수 있다. 하지만 『논어』를 읽어보면 마치 그
가 여전히 살아 있는 듯 생생한 인물로 느껴진다. 그것은 공자와 제자

들의 대화가 매우 인간적이기 때문일 것이다. 예를 들어 제자가 공자에게 이렇게 묻는다.

> 가난하지만 아첨하지 않고, 부유하지만 교만하지 않다면 어떠한지요?

그러자 공자는 먼저 "나쁘지 않지"라고 대답한다. 그리고 이렇게 말을 잇는다.

> 하지만 가난하면서도 즐길 줄 알고, 부유하면서도 예를 갖출 줄 아는 자만 못하다.

요컨대 "네 말도 맞지만, 이쪽이 좀 더 낫다"는 식의 답변이다.

공자는 항상 상대방의 말을 먼저 받아들이는 자세를 보였기 때문에 제자들은 질문을 두려워하지 않고 무엇이든 적극적으로 물어볼 수 있었다. 그 덕분에 공자와 제자들의 거리는 매우 가까웠다. 나는 현대사회의 선생과 학생, 상사와 부하 직원의 관계도 이렇기를 바란다.

『논어』에는 512개의 짧은 글이 수록되어 있는데, 모두 우리에게 생각할 거리를 던져준다. 현대사회의 직장인이 끌어안고 있는 고민과 의문점에 대한 힌트도 이 책을 살펴보면 어딘가에 분명히 존재한다.

사장의 문장들

● 인간답게 살기 위한 세 가지의 덕

요즘은 "리더는 '인간력人間力'이 있어야 한다"라고 한다. 이 인간력이란 무엇일까. 쉽게 답을 내지 못하는 사람이 많을 것이다.

『논어』에 그 대답이 될 만한 격언이 있다.

> 지혜로운 사람은 혼란스러워하지 않고, 인자한 사람은 근심하지 않고, 용감한 사람은 두려워하지 않는다.

'지혜로운 사람(知者)'은 판단력이 있는 사람, '인자한 사람(仁者)'은 성실하고 인격이 바른 사람, '용감한 사람(勇者)'은 행동력이 있는 사람이다. 판단력이 있는 사람은 망설임이 없다. 성실한 사람은 근심이 없다. 행동력이 있는 사람은 두려워하지 않는다.

이 세 가지를 합치면 '앎, 인내, 용기'다. 이것은 유학에서 '삼덕三德'이라 칭하며 중요한 덕목으로 여겨진다. 이 삼덕이 갖춰지면 인간력에는 아무런 문제가 없다. 그러나 이 중 하나라도 부족하면 바람직한 인간이 되기는 어렵다.

생각해보면 납득이 된다. 판단력과 행동력은 있는데 성실하지 않다면 위험한 사람이다. 성실하고 행동력도 있으나 판단력이 전혀 없는 사람은 주위에 폐를 끼친다. 판단력과 성실함은 있는데 행동력이 없는 사람도 골칫거리다. 삼덕은 세트로 갖추어져야 비로소 완성된다.

나는 이 삼덕이야말로 『논어』에 담긴 정신의 핵심이라 여기고, 이것을 확실히 외워 내 것으로 만드는 방법을 고안했다.

우선 "앎"이라고 말하면서 손을 이마에 얹는다. 이마는 판단력을 관장하는 전두엽이 있는 지성의 장소이기 때문이다. 다음에 "인내"라고 말하면서 손을 가슴에 얹는다. 진심이나 상냥함이 생겨나는 곳은 역시 심장이다.

마지막으로 "용기"라고 말하면서 손을 단전에 얹는다. 단전은 배꼽에서 세 손가락 정도 아래, 몸속 깊은 곳에 있다. 한의학에서는 '기해단전氣海丹田'이라고 하는데, 여기에 기를 모으면 불로불사의 명약인 '단약丹藥'을 몸 안에서 만들어낼 수 있다고 전해진다. 행동력을 발휘하려면 기력이 필요하므로 용기에 어울리는 장소는 이곳이 가장 바람직하다.

이렇게 "앎", "인내", "용기"를 소리 내어 말하면서 각각 해당하는 자리에 손을 대면 삼덕을 확실하게 뼛속 깊이 새길 수 있다.

삼덕을 새긴 후에는 자기반성을 할 때 "그때는 판단력이 부족했나?", "그건 성실함이 부족했기 때문이야"라는 식의 점검 항목으로 활용하면 도움이 될 것이다. 부족한 점을 깨닫고 의식적으로 보완하다 보면 인간으로서 완성도는 더욱 높아진다.

이 삼덕을 비롯해 공자의 말은 단순한 지식이 아니라 사물의 본질과 이치를 이해할 수 있도록 우리를 가르친다. 『논어』에 따르면 공자 자신도 이렇게 말했다.

공자가 제자에게 "너는 내가 많이 배우고, 그것을 잘 기억하는 사람
이라고 여기느냐?"라고 묻는다. 제자가 그렇지 않겠냐고 되묻자 공자
는 대답했다.

그렇지 않다. 나는 하나로 만물을 꿰뚫을 따름이다.

즉, 자신은 단순히 박학다식한 사람이 아니라 하나의 원리 원칙을
관철하는 사람이라고 대답한 것이다. 이런 실감 나는 대화를 통해 문
제의 본질과 도리에 접근할 수 있다. 그것이 『논어』의 큰 매력이다.

열정과 도전

새로운 꿈을 꾸기에
너무 늦은 나이란 없다

"그래, 그러니까. 지금 하지 않으면 기회가 없으니까."

윌리엄 서머싯 몸(1874~1965) | **작가**
『달과 6펜스』(고분샤고전신역문고)

● 늦었다고 생각할 때가 가장 빠르다

여러분은 두 번째 인생이 주어진다면 어떻게 살고 싶은가. 지금까지 일과 가정을 위해 살아왔지만, 인생이 한 번 더 있다면 다르게 살아보고 싶다고 생각한 사람이 많을 것이다.

인생은 누구에게나 단 한 번뿐이지만, 개중에는 생활방식을 완전히 바꿔 제2의 인생을 사는 사람도 있다. 만일 여든 살까지 산다면 마흔 살부터 새로운 인생을 시작해도 아직 절반이 남았으니, 무언가를 이룰 시간도 충분하다.

영국 작가 서머싯 몸^{Somerset Maugham}의 대표작인 『달과 6펜스』는 마흔 살의 나이에 갑자기 화가가 되겠다고 결심한 남자의 이야기다.

주인공 '스트릭랜드'는 증권거래소에서 주식 중개인으로 일하며 아내와 두 아이를 둔 아버지로 평온하게 살아왔다. 그러던 어느 날 갑자기 그는 일도 가족도 버리고 집을 나간다. 그의 아내는 그가 다른 여자와 도망쳤다고 생각해 지인이자 신인 작가인 '나'에게 그를 찾아달라고 부탁한다.

스트릭랜드가 파리에 있다는 사실을 알게 된 '나'는 그를 찾아간다. 그러나 스트릭랜드는 불륜을 부정한다. 그렇다면 왜 아내를 버렸느냐고 묻자 스트릭랜드는 한마디로 대답한다.

"그림을 그리고 싶어서지."

그 말을 듣고 깜짝 놀란 '나'는 자기도 모르게 이렇게 중얼거린다.

"당신은 벌써 마흔 살인데……"

그러자 스트릭랜드는 또 이렇게 대답한다.

"그래, 그러니까. 지금 하지 않으면 기회가 없으니까."

 사장의 문장들

젊은 작가인 '나'의 입장에서 스트릭랜드는 훌륭한 중년 남자다. 그런 그가 마흔의 나이에 화가가 되겠다고 말하는 것은 제정신으로 보이지 않는다. 더구나 그림을 그려본 적이 있냐고 묻자, 스트릭랜드는 야간 회화 교실에 일 년간 다닌 것이 전부라고 대답한다.

"대부분 그림은 열여덟 살 안에 시작해요"라며 '나'는 어이없는 표정을 지었지만, 스트릭랜드는 자신 있게 대답한다.

"열여덟 살보다 지금이 더 습득이 빨라."

이 말은 나도 공감이 된다. 나는 탁구를 자주 치는데, 테니스부였던 고등학생 때와 비교해도 지금이 훨씬 더 빠르게 요령을 익힐 수 있다. 운동 능력은 그때보다 떨어졌지만, 인생 경험을 쌓은 지금이 정보를 소화하는 능력이나 판단력은 더욱 뛰어나다. "이 머리로 다시 열여섯 살이 된다면 연습이나 전술을 더 다양하게 고안할 수 있었을 텐데"라고 생각할 정도다. 나이가 들면 능력이 떨어지기만 한다고 생각하기 쉽지만 나는 오히려 나이가 들면서 성장하는 능력도 있다고 생각한다.

하지만 아직 20대인 신인 작가 '나'가 그런 말을 이해할 수 있을 리 없다. 그 나이에 화가로 데뷔한다고 해도 기껏해야 삼류에 불과할 가능성이 높은데 과연 모든 것을 내던질 가치가 있을까. 그런 질문을 던지며 따지듯 추궁하는 '나'에게 스트릭랜드는 딱 잘라 말한다.

"그려야 한다고 말했잖아. 나도 어쩔 수 없어. 물에 빠지면 수영을 잘하든 못하든 상관없어. 일단 최선을 다해 움직이지 않으면 익사해버리니까 무조건 움직이는 거야."

분명 스트릭랜드의 안에서는 강렬한 열정이 소용돌이치고 있었을 것이다. 그것은 본인의 의지와는 상관없이 솟아나는 것으로, 한번 그 열정에 사로잡히면 자신도 더는 어쩔 수가 없다.

화가로서의 성공은 스트릭랜드에게 문제가 아니었다. 일단 그림을 그리지 않으면 물에 빠져 죽는 것과 같다는 느낌이 들 정도로 강렬한 충동이 이미 그를 지배하고 있었다.

● 솟아오르는 열정에 유통기한은 없다

만약 스스로도 어쩔 수 없을 정도의 강한 열정이 솟구칠 때는 어떻게 해야 할까. 상식적으로는 "나는 가족을 책임져야 해. 일도 그만둘 수는 없어"라고 스스로에게 말하며 열정을 억누르는 것이 옳을지도 모른다. 하지만 이 강렬한 에너지와 기세를 잘 살린다면 몇 살이 되었든 새로운 인생을 개척할 가능성은 충분하다.

생각해보면 나도 마흔 살 무렵에 출간한『소리 내어 읽고 싶은 일본어』가 베스트셀러가 되면서 다수의 저서를 집필했다. 그 이후에 TV 프로그램의 기획 및 감수, 강연 등 다양한 일들도 하게 되었다. 젊었을 때부터 품어왔던 책을 내고 싶다는 열정이 한꺼번에 분출되면서 그 기세로 활동 영역을 넓힐 수 있었던 것이다.

지금은 '백세 인생' 시대이기 때문에 마흔은 당연하고 쉰이나 예순부터 새로운 삶을 시작해도 늦지 않다. 일이나 가족을 내팽개칠 수 없다고 망설였던 사람도 정년의 나이에 가까워지고, 자녀들도 성장했을 테니 오히려 과감하게 인생의 방향을 전환할 수 있을 것이다. 예순의 나이에 그림이나 음악을 시작해도 좋고, 창업에 도전해보는 것도 나쁘지 않다. "그 나이에 왜 그런 일을 하세요?"라는 질문을 받는다면 스트릭랜드처럼 "해야만 해"라고 한 마디 툭 던져주면 된다.

내 안에서 솟아오르는 열정이 있다면 그 기세에 몸을 맡겨보자. 틀림없이 가슴 설레는 두 번째 인생을 살 수 있을 것이다.

창조성은
집념과 직관이 만든다

배우고 익히는 것 자체가 집념이다.

유카와 히데키(1907~1981) | 물리학자
『창조적 인간』(카도카와소피아문고)

● 인공지능 시대에도 인간의 사유가 필요한 이유

우리는 지금 본격적인 인공지능 시대를 맞이하고 있다. 앞으로 규칙적인 업무는 모두 기계가 하게 될 것이다. 그렇다면 인간은 무엇을 해야 할까. 그 답은 '창조성을 발휘하여 아이디어라는 가치를 창출하는 것'이다.

일본 최초의 노벨상 수상자인 유카와 히데키는 저서 『창조적 인간』에서 창조성에 대해 말한다. 유카와의 업적은 중간자의 존재를 이론적으로 예언한 것이다. 그런데 이 중간자라는 것은 눈에 보이지

않아서 아무도 이것의 존재를 생각해보지 않았다. 이런 존재를 발견하는 것이야말로 창조성 그 자체다. 그런 의미에서 위대한 발견을 하는 과학자는 모두 '창조적 인간'이라고 말할 수 있다.

유키와는 자신과 같은 과학자에 대해 이렇게 말한다.

배우고 익히는 것 자체가 집념이다.

그리고 집념은 학문을 연구하는 데 있어서 필수 조건이라고 덧붙인다. 즉, 창조성의 기본은 집념이라는 것이다. '집념'은 나쁜 뜻으로 쓰이는 경우도 많다. 하지만 "나는 집념을 가진 사람입니다"라고 스스로 말할 수 있는 일이 없는 사람은 결코 창조적 발견을 이뤄낼 수 없다.

유카와는 "천재는 자기 안에 언제나 심각한 모순을 끌어안고 있다"고도 말하기도 했다. 과학자라면 자신의 가설과 그에 반대되는 학설 사이 모순을 끌어안고, 믿음과 망설임 사이에서 치열하게 싸워야 한다. 집념을 가지고 그 모순을 파헤쳐야 새로운 것을 만들어낼 수 있다.

일을 할 때도 종종 세상에 공헌하고 싶지만 돈도 많이 벌고 싶다는 모순에 부딪힌다. 그 모순을 해결하기 위해 집요하게 생각하다 보면 '사회에 공헌도 하고 이익도 나는' 아이디어를 발견해 큰 성공을 거둘 수 있다. 어떤 경우에도 쉽게 포기하지 않는 집념을 가진 사람이 새로운 가치를 창출한다.

또, 유카와는 데카르트의 책을 통해서 창조성을 배웠다고 한다. 데카르트의 가르침 중 하나가 "항상 정신을 올바른 방향으로 유지할 수 있도록 스스로 이끌어라"다. 요컨대 '무엇을 위해 (이 행동을 하는가)'라는 목적을 잃지 말라는 것이다. 일에서도 이 목표를 잃지 않고 올바른 방향으로 나아가도록 정신을 차려야 한다.

다른 하나의 가르침은 "맨 처음 느껴지는 직관을 중요하게 여겨라"라는 것이다. 가장 먼저 직관이 생기면, 그 직관의 고리들이 이어지며 연역적 논리가 성립된다는 것이 데카르트의 생각이다. 즉, 창조성은 논리보다 직관이 먼저다. 업무를 처리할 때 논리적 사고가 중요하다고 강조하는 사람이 있지만, 인공지능 시대에는 이 직관을 갖추는 것이 더 중요하다.

삶을 완성하는 것은
책임을 다하는 용기다

인간이라는 존재는, 나의 돌을 놓으며
세상의 건설에 기여하고 있다고 느낀다.

앙투안 드 생텍쥐페리(1900~1944) | 작가 및 비행사
『인간의 대지』(신초문고)

● 우편 비행사는 왜 목숨을 걸고 배송했는가

종종 일하는 사람들을 "사회의 톱니바퀴 중 하나일 뿐"이라고 표현할 때가 있다. 혹은 일하는 사람 스스로 "어차피 나는 회사의 톱니바퀴니까"라고 자조적인 느낌으로 사용하기도 한다.

그러나 원래 인간은 누구나 사회나 조직을 구성하는 일원이며 이른바 '부품'이다. 그러니 그 역할을 부정적으로 받아들일 필요는 없다. 오히려 생각하기에 따라서는 인간으로서의 자부심이나 기쁨이 될 수 있다. 이렇게 말하는 것이 앙투안 드 생텍쥐페리Antoine De Saint Exupery의 『인간의 대지』다. 생텍쥐페리는『어린 왕자』로 유명하지만, 이 작품도 독자에게 긍정적인 태도와 힘찬 용기를 안겨주는 훌륭한 책이다.

생텍쥐페리는 작가이자 비행사로, 20대부터 비행기로 우편물을 운반하는 수송기 조종사로 활약했다. 30대 중반에는 프랑스와 베트남 사이 최단 시간 비행 기록에도 도전했고, 그 비행 도중 리비아 사막에 불시착하기도 했다. 이때 그는 사흘 동안 사막을 걸어 겨우 살아서 돌아오는 극적인 체험을 했다. 이렇게 비행사로서 겪은 실제 체험을 바탕으로 집필한 에세이가『인간의 대지』다.

이 작품의 매력은「동료들」이라는 글에서 가장 잘 드러난다. 20여 쪽으로 짧은 편이니 이 부분만이라도 읽어보기를 권한다.「동료들」에서 '동료'는 단순한 동료가 아니라 '친구'이기도 하다.

그 당시 비행기는 지금보다 훨씬 불안정했다. 그래서 우편 비행사의 일에는 늘 위험이 따랐다. 이 에세이에서도 바다 위에서 소식이 끊기거나 폭설이 내리는 안데스산맥에 추락했다가 구사일생으로 살아 돌아온 동료들의 일화가 소개되어 있다. 생텍쥐페리는 동료들에 대해 다음과 같이 썼다.

함께 만든 그 수많은 추억, 함께 살아온 놀라울 정도로 힘들고 고통스러운 시간, (중략) 이런 우정은 또 없을 것이다.

사장의 문장들

그들에게는 "우리가 반드시 우편물을 전달한다"는 강한 책임감이 있었다. 일을 통해 사회에 공헌하겠다는 의지가 있었기 때문에 다양한 위험과 어려움이 있다는 사실을 알면서도 하늘을 날았던 것이다.

● '톱니바퀴 한 개'도 충분히 자랑스러운 존재다

인간이라는 존재는, 바로 책임을 진다.

인간이라는 존재는, 나와 상관없는 불의도 부끄러워한다.

인간이라는 존재는, 동료의 승리를 자랑스러워한다.

인간이라는 존재는, 나의 돌을 놓으며 세상의 건설에 기여하고 있다고 느낀다.

이 문장들은 인간의 존재와 의지에 대한 생텍쥐페리의 생각을 잘 드러내는 문장들이다. 하나하나 전부 강렬해서 격언으로 마음에 새기고 싶을 정도다.

'인간이라는 존재는' 뒤에 무엇을 넣을지 묻는다면 다른 사람에게 친절한 것, 성실할 것 등 사람에 따라 다양한 대답이 돌아올 것이다. 그런데 첫 번째로 가장 먼저 '책임'을 가져왔다는 데에서 직업 비행사인 생텍쥐페리, 그다운 모습을 엿볼 수 있다.

네 번째 문장도 매우 뜻깊은 문장이다. '나의 돌'을 놓는 것, 즉 나의 일과 역할을 완수함으로써 세상을 건설하는 일원임을 실감할 수 있다는 뜻이다. 그렇게 생각한다면 아무리 어려운 상황에서 일을 해야 한다고 해도 자부심과 열정을 유지할 수 있다.

현대사회에도 가혹한 환경과 조건 속에서 일하는 사람이 많다. 코로나 팬데믹 당시 의료진이 대표적이다. 의사나 간호사 등 많은 의료진은 감염 위험이 매우 크다는 사실을 알면서도 환자의 곁에서 치료를 멈추지 않았다.

물론 의료 분야 외에도 희생정신을 바탕으로 일하는 사람들은 많다. 그 정신을 지탱해주는 것은 역시 책임감이며, 그것이야말로 세상을 건설하는 일원으로서 역할을 다해야 한다는 사명감이 아닐까.

'세상을 건설하는 일원'을 '톱니바퀴'로 표현할 수도 있다. 원래 톱니바퀴는 매우 중요한 부품이다. 고급 시계 중에는 다이얼을 '스켈레톤 skeleton' 구조로 만든 것이 있다. 이 시계의 내부는 그야말로 정밀하고 섬세한 구조로 이루어져 있다. 그중 톱니바퀴가 하나라도 빠지면 시계는 즉시 멈춰버린다.

그와 마찬가지로 사람이 단 한 명이라도 빠지면 일은 멈춘다. 예를 들어 편의점을 생각해보자. 오늘 근무하기로 한 아르바이트생이 갑자기 쉬게 되면 편의점은 제대로 돌아가지 않는다. 여러분의 직장에서도 누군가 갑자기 결근하면 곤란한 일이 이만저만 아닐 것이다. 즉, 우리는 모두 사회를 움직이는 소중한 톱니바퀴다.

그렇게 생각하면 톱니바퀴가 오히려 훌륭하게 느껴진다. 물론 톱니바퀴는 얼마든지 교체할 수 있다. 그러나 생텍쥐페리의 말처럼 중요한 것은 "세상을 건설하는 일에 기여한다"는 느낌이 드는 것이다.

내가 중요한 톱니바퀴든 아니든 눈앞의 일에 책임감을 가지고 임하며 나도 사회를 지탱하는 역할을 담당하고 있다고 생각하는 것이 중요하다. 거기에서 인간이라는 존재의 의미를 찾는다면 내일부터 또 열심히 일해보겠다는 의욕이 끓어오를 것이다.

생텍쥐페리의 말은 하나의 인간으로서 이 어려운 시대를 긍정적으로 살아가기 위한 가르침이다.

남이 되지 말고
하나뿐인 내가 되어라

바보가 되어라
쓰고 쓰고 부끄러움을 무릅쓰고
벌거벗을 수 있다면
마침내 보이기 시작한 나의 모습

안토니오 이노키(1943~2022) | 프로레슬러
『안토니오 이노키 자서전』(신초문고)

● 내면의 목소리를 깨우는 투혼의 힘

2022년 1월 1일 일본의 프로레슬링 선수 안토니오 이노키^{アントニオ猪}^木가 세상을 떴다. 료고쿠 국기관^{両国国技館}에서 거행된 '작별의 자리'에는 그를 사랑하는 제자들과 많은 팬들이 참석했다. 프로레슬링 전성기에 자란 나는 어린 시절부터 이노키의 열성팬이었고, 초등학교 교실에서 친구들과 '만지카타메^{卍固め, 프로레슬링의 기술 중 하나}'를 흉내 내며 놀았다.

이노키를 상징하는 말은 '투혼'이다. 그는 자신의 반평생을 소개한 『안토니오 이노키 자서전』에서 그 정신을 스승인 역도산^{力道山}으로부터

   사장의 문장들

계승했다고 말한다.

내 입으로 말하는 것도 뭣하지만, 나는 분노를 폭발시키는 '파이팅 스피릿(fighting spirit)'과 프로모터로서의 센스를 역도산 선생님으로부터 물려받았다고 자부한다.

파이팅 스피릿이란 '싸우는 영혼', 즉 투혼이다. '일본 프로레슬링의 아버지'로 불렸던 역도산은 아직 열일곱의 나이였던 이노키의 소질을 간파하고 프로레슬링의 세계로 스카우트한 인물이기도 하다. 그 역도산의 싸움 방식을 가까이서 지켜본 이노키는 이렇게 분석한다.

역도산 선생님이 스타가 된 것은 인간이 가지고 있는 분노라는 감정을 '가라테춥(からてチョップ)'으로 표현하는 데 있었다고 생각한다.

그의 분노가 가라테춥이라는 형태로 폭발했을 때, 그 경기를 보고 있던 관객은 누구나 마음이 움직였으리라 생각한다. 그들 역시 억압된 시대를 살고 있었으니까.

엄청난 분노와 함께 가라테춥을 날려 악역을 맡은 레슬러를 쓰러뜨리는 역도산의 모습은 당시의 일본인들에게 큰 용기를 불어넣었다.

단지 시합에 이기는 것뿐만 아니라 경기를 관람하러 와준 관객에게 감동을 줄 수 없다면 프로라고 말할 수 없다. 이노키는 자서전에서 사람의 마음을 움직이려면 경기에서 무언가를 표현할 수 있어야 한다고 말한다. 그리고 아마 그 '무언가'가 바로 투혼이라는 사실을 역도산에게서 배웠을 것이다.

이노키 또한 사람의 마음을 움직이는 재능을 가진 대스타였다. 그는 프로레슬링을 잘 모르는 사람들에게까지 용기와 감동을 주는 대단한 존재였다.

프로레슬링을 전혀 보지 않아도 일본인이라면 이노키가 남긴 수많은 명언은 알고 있을 정도였다. "기운 있습니까!", "기운만 있으면 뭐든 할 수 있다!"와 같은 힘찬 말에 격려받았던 경험이 있는 사람도 많을 것이다. 이노키는 최강의 레슬러이자 말의 힘으로 사람들을 기운 나게 하는 천재이기도 했다. 이 책에도 그런 '이노키 스타일'이 여러 개나 등장한다.

바보가 되어라

쓰고 쓰고 부끄러움을 무릅쓰고

벌거벗을 수 있다면

마침내 보이기 시작한 나의 모습

   사장의 문장들

이 말은 이노키가 전 IWGP^{International Wrestling Grand Prix} 챔피언 하시모토 신야^{橋本真也}에게 선물한 시다. 1999년 10월에 도쿄 돔에서 열린 오가와 나오야^{小川直也}와의 경기에서 하시모토는 TKO^{Technical Knock Out}패를 당했다. 즉, 이 시는 패자에게 보내는 메시지인 셈이다. 패자에게 오히려 "바보가 되어라"라고 표현한 것이 이노키답고 재미있다.

이 표현에는 "허세 부리지 마라. 망신 좀 당하면 어떻다고. 사람들이 어떻게 생각하든 최선을 다해 내가 가고 싶은 길을 가면 되는 것이다" 와 같은 격려가 깃들어 있다는 생각이 든다.

● 체면을 버리면 에너지가 샘솟는다

도전해보고 싶은 일이 있는데, 실패해서 망신당하기 싫다는 마음 때문에 선뜻 시도하지 못하고 주저한 경험은 누구에게나 있다.

이노키는 은퇴식에서 기요자와 데쓰오^{清沢哲夫}의 「길」이라는 시를 자기 방식으로 바꾸어 읊으며 "망설이지 말고 가라! 가면 알게 될 거야!" 라는 메시지를 세상에 널리 알렸다. 결심하고 앞으로 달려나가면 "그래, 역시 이게 내가 하고 싶었던 거야"라는 확신이 강해지고 점점 에너지가 솟아오른다.

부끄러움도 체면도 다 내던지고 바보가 되어버리면 무엇이든 할 수 있다. 창피당하는 것이 두려워 움츠러드는 사람에게 "바보가 되어라" 라는 말은 정신을 번쩍 들게 하는 메시지가 아닐까?

어쩌면 이노키의 따귀에도 정신을 차리게 하는 효과가 있었을지 모른다. 이노키는 팬들의 부탁으로 자주 따귀를 날렸는데, 사람들이 그런 것을 바란 이유는 결국 누군가 기합을 넣어주길 바랐기 때문이다.

확실히 그 정도 충격을 받으면 하찮은 자존심이나 허세 따위는 어디론가 날아가버린다. 그러면서 "내가 하고 싶은 것을 하면 되는 거야!"라는 사실을 깨닫게 되는지도 모른다.

그렇게 말하는 이노키 본인도 에너지 넘치는 사람으로, 새로운 단체를 설립하거나 선거에 입후보하는 등 끊임없이 하고 싶은 일에 도전했다. 이노키의 에너지에 휘둘리는 주변 사람들은 힘들었을지도 모르지만, 그가 그렇게 상식의 틀을 넘어서는 엄청난 스케일의 사람이었기 때문에 일본 전역을 활기차게 만들 수 있었을 것이다.

지금도 가끔 내 머릿속에서는 「이노키! 봄바예!イノキ! ボンバイエ!」라는 그의 입장곡이 흐른다. 여러분도 마음이 위축되었다고 느낄 때는 "하나, 둘, 셋, 출발!" 하고 큰 소리로 외쳐보자. 분명 나의 힘을 마음껏 펼칠 수 있을 것이다.

매력적인 리더에게는 '편집력'이 있다

"이런 인연들이 쌓이고 쌓여 언젠가 크게 폭발할 것이다."

츠타야 쥬자부로(1750~1797) | 출판인
『희대의 서점: 츠타야 쥬자부로』(소시샤문고)

● 인연과 인연을 연결하는 투자 전략

'에도의 출판왕'이라고 불리는 츠타야 쥬자부로蔦屋重三郎는 2025년 NHK 대하드라마 「베라보べらぼう, 바보」의 주인공이기도 하다. 그는 서적이나 우키요에浮世絵, 에도 시대에 성행한 풍속화를 출간하는 출판사의 대표이면서 직접 편집을 맡아 수많은 화제작을 세상에 내놓은 유능한 편집자였다. 쥬자부로 밑에서 재능을 꽃피운 사람이 셀 수 없이 많았으며, 그중 기타가와 우타마로喜多川歌麿, 가쓰시카 호쿠사이葛飾北斎, 산토 교덴山東京伝, 도슈사이 샤라쿠東洲斎写楽를 비롯한 화가들과 짓펜샤 잇쿠十返舎一九와 같

은 수많은 작가들이 화려한 에도 문화를 이끌며 이름을 남겼다.

문화가 꽃피기 위해서는 풍부한 재능을 가진 예술가는 물론, 그 재능을 최대한으로 끌어내는 편집자가 필요하다. 현재 일본이 세계적으로 자랑하는 문화인 만화도 편집자의 역할이 매우 크다.

예를 들어 스토리는 잘 만들지만 그림 실력은 약간 부족한 만화가와 그림은 잘 그리지만 스토리를 구상하는 능력이 부족한 만화가가 있다고 생각해보자. 이때 편집자가 중간에 개입해서 전자는 원작을, 후자는 작화를 담당하게 해서 대히트작을 만든 사례는 흔히 있다.

사람과 사람을 연결해서 화학 반응을 일으켜 뛰어난 발상이나 작품을 탄생시키고, 세상의 흐름을 바꾸는 움직임을 만드는 것이 바로 '편집력'이다. 쥬자부로는 이런 재능이 두드러졌다.

그의 생애를 그린 시대 소설 『희대의 서점: 츠타야 쥬자부로』는 에도시대 요시와라(현재 도쿄의 다이토구 일대)에서 서적 대여를 시작한 쥬자부로의 20대 시절부터 이야기가 시작된다. 서적 대여는 그에게 있어서 어디까지나 통과의례일 뿐 그는 언젠가 출판사를 만들어 자신이 직접 작품 기획에서 판매, 유통까지 장악하겠다는 야심을 품고 있었다.

젊은 쥬자부로는 요시와라의 안내서인 『요시와라 사이켄吉原細見』을 보면서 이렇게 중얼거렸다.

"나라면 요시와라를 훨씬 더 재미있게 소개할 수 있는데."

 사장의 문장들

"나라면 훨씬 더 흥미로운 것, 새로운 것을 세상에 알릴 수 있다"는 생각이 쥬자부로의 출발점이었다. 사실 쥬자부로는 흔히 부르는 속칭이고, 그의 본명은 가라마루^{柯理}다. 그는 이름의 유래를 물어보는 사람에게 이렇게 대답했다고 한다.

> "담쟁이덩굴이 얽히는 것은 자연의 이치. 에도 전체를 (담쟁이 덩굴처럼) 츠타야의 책으로 덮어버리고 싶다."

츠타야라는 성에서 '蔦'는 '담쟁이덩굴'이라는 뜻으로, 자신을 담쟁이덩굴에 비교하여 표현한 것이다. 이것이 쥬자부로의 비전이었다.

이후 『요시와라 사이켄』을 편집할 기회를 얻으면서 출판인으로서 첫걸음을 내딛게 된 쥬자부로는 가까운 시일 안에 '기뵤시^{黃表紙}' 전성시대가 올 것이라고 예상한다. 기뵤시는 해학이나 농담이 섞인 삽화가 들어 있는 책으로, 출판하려면 뛰어난 작가와 화가가 모두 필요하다.

뛰어난 작가와 화가를 모두 구하기 위해 쥬자부로는 어떤 수를 썼을까? 답은 바로 "서점에서 올린 이익을 아끼지 않고 다음 작품에 투자한다"였다. 기존에 출판한 책을 팔아서 번 돈으로 "이거다!" 싶은 문인이나 화가를 요시와라로 초대해 함께 술잔을 기울이며 작품에 관한 아이디어를 나누었다. 그러면서 상대방의 사고방식과 인품을 파악했다.

“이런 인연들이 쌓이고 쌓여 언젠가 크게 폭발할 것이다.”

편집자에게 사람과 사람을 연결하고 인연을 만드는 능력이 무엇보다 중요하다는 사실을 쥬자부로는 이미 알고 있었던 것이다. 나도 메이지대학에 취직한 지 얼마 지나지 않았을 때는 동료들과 밤늦게까지 시험지 채점을 하고, 집으로 돌아가는 길에 자주 술잔을 기울였다. 약 30년 전의 이야기이지만 당시에 술잔을 나누었던 동료들과는 인연이 계속 이어져 지금도 서로 편하게 일을 부탁하는 사이이다.

요새는 직장 밖에서 개인적으로 교류하는 것을 꺼려하지만, 사무실 바깥에 모여 “다음에는 이런 기획을 해보고 싶다”와 같은 아이디어를 나누는 것은 즐거운 일이다. 누군가 이런 자리를 앞장 서서 마련해주기만 하면 거기에서부터 인연이 생겨 새로운 일로 이어지곤 한다.

● 다채로운 재능을 키우고 조합하다

쥬자부로가 많은 인연을 만들어낼 수 있었던 것은 어떤 상대도 진심으로 대했기 때문이다. 작가나 화가는 개성 가득한 사람이 많아서 상대하기 힘들 때도 있었지만, ‘대화는 서점의 중요한 기둥’이라는 신조에 따라 때로는 질책하고 때로는 달래며 상대방의 재능을 최대한 끌어올렸다. 예를 들어 미술에 뛰어난 재능이 있으면서도 이상적인 그림을 그리지 못해 고민하던 기타가와 우타마로는 이런 말로 격려했다.

"나, 츠타야 쥬자부로가 주목한 사람은 다른 누구도 아닌 바로 기타가와 우타마로, 자네다. 자네를 일본 제일의 화가로 만들어 보이겠네!"

실제로 기타가와는 재능을 한껏 꽃피워 지금은 일본뿐만 아니라 전 세계에 그 이름을 알리는 거장이 되었으니, 쥬자부로의 공로는 이루 다 헤아리기 어렵다.

쥬자부로는 글을 잘 쓰는 것도 아니었고 그림을 잘 그리는 것도 아니었다. 심지어 교카狂歌, 풍자와 익살을 위주로 만든 단가를 만들어도 재미가 없었다. 즉, 혼자 힘으로는 아무것도 할 수 없는 평범한 인물이었다. 그러나 목표로 삼은 비전이 있고, 그것을 이루는 데에 필요한 재능을 발견해 키워내는 끈기가 있었다. 그뿐만 아니라 그 재능들을 조합하여 걸작을 만들어내는 능력까지 탁월했다.

직장에서도 상사가 부하 직원들의 강점을 간파하고, "자네 둘이 짝을 이루어보면 어떨까?"라는 식으로 연결해주면 흥미로운 결과가 만들어질지도 모른다. 이렇듯 만약 나에게 플레이어로서의 재능이 없다는 사실을 깨달았다고 해도, 인연을 소중히 여기며 사람과 사람 사이를 연결하는 능력을 기르면 편집자로서 얼마든지 활약할 수 있다.

추억은 마음속에 남은
또 하나의 현재다

이렇게 늙은 나이에
또다시 이 고개를 넘게 될 줄이야
이 또한 생명이로구나
사요노나카야마에서 노래하다

사이교(1118~1190) | 시인
『사이교 모노가타리』(고단샤학술문고)

● **과거의 경험에서 에너지를 얻는 법**

인간이라면 누구나 나이가 들면서 기력이 쇠약해지는 것을 느낀다. 학창 시절이나 신입 사원이었던 시절을 떠올리며 이제는 예전처럼 기운을 낼 수 없다고 한탄하며 한숨을 내쉬기도 할 것이다. 하지만 나이를 먹으면 젊은 시절처럼 기운을 낼 수도 없고, 적극적인 태도도 되찾을 수 없다는 말은 단지 착각에 불과하지 않을까?

헤이안 시대부터 가마쿠라 시대에 걸쳐 많은 와카和歌, 일본 고유 형식의 시를 남긴 시인이자 승려인 사이교西行는 전국 각지의 풍경과 사람들의

                                     사장의 문장들

삶을 노래로 읊었다. 그중에 이런 시가 있다.

> 이렇게 늙은 나이에
> 또다시 이 고개를 넘게 될 줄이야
> 이 또한 생명이로구나
> 사요노나카야마에서 노래하다

'사요노나카야마小夜の中山'는 현재 일본 시즈오카현 가케가와시 동쪽에 있는 고개로, 넘기가 매우 험난한 것으로 유명하다. 사이교는 젊은 시절 사요노나카야마를 여행한 후 오랜 세월이 지나 다시 그곳을 지나게 되었는데, 무사히 고개를 넘은 후의 심정을 읊은 것이 이 시다.

이렇게 늙은 몸으로 또 이 고개를 넘을 수 있으리라고 상상이나 할 수 있었을까. 사이교는 "그럼에도 내가 이 고개를 넘을 수 있었던 것은 아직까지 살아 있기 때문이다"라고 생각했다. 이 시는 살아 있음, 그 자체에 대한 감사의 마음을 표현한 것이다.

특히 "이 또한 생명이로구나"라는 구절은 여러분도 꼭 소리 내어 말해보길 바란다. 예를 들어 20대 시절에 여행했던 장소를 다시 방문하게 된다면, '이 또한 생명'이라는 말을 실감할 수 있을 것이다. 여전히 살아 있기에 이렇게 나이를 먹어서도 다시금 같은 일을 할 수 있다는 재미와 기쁨이 느껴지지 않을까.

『논어』의 첫머리에 "학이시습지 불역열호^{學而時習之 不亦說乎}"라는 문장
이 있다. 직역하면 "배우고 익히면 또한 기쁘지 아니하겠는가"라는 뜻
으로, 한 번 배운 것을 반복하여 이해도를 높이는 것은 기쁜 일이라는
뜻이다. 어린 시절이나 학창 시절에 읽었던 책을 다시 읽거나 예전에
보았던 영화를 다시 보면 새삼 역시 좋은 작품이라는 느낌이 든다. 때
로는 일부러 경험한 것을 굳이 한 번 더 반복해보자. 당시의 기억이나
감정이 떠오르고, 지금의 나에게 새로운 에너지가 되어줄 것이다.

나도 가끔 예전에 즐겨 들었던 음악을 다시 듣는 경우가 있다. 그중
에서도 드라마 '필살 시리즈'의 베스트 앨범은 작업할 때 틀어두면 기
분이 한껏 올라가서 갑자기 의욕이 솟구치기도 한다. 나는 어린 시절,
이 '필살 시리즈' 중 「필살 일꾼」이나 「필살 처형인」을 무척 좋아했다.
그래서 아버지와 함께 보며 "이건 새로운 시대극이야"라는 식으로 대
화를 나눈 적도 있다. 그리운 추억과 함께 예전에 좋아했던 것을 다시
접하는 일은 지금의 나에게 기운을 북돋아준다는 것을 실감한다.

여러분도 젊은 시절에 경험했던 것을 다시 한번 시도해보면 어떨까?
틀림없이 당시의 열정과 활력이 되살아날 것이다.

포기하지 않으면
반드시 이긴다

이렇게 편안히 앉아 있으면
언젠가 우리에게도 승리의 날이 찾아올 거야.

빈 센트 반 고흐(1853~1890) | 화가
『고흐의 편지』(이와나미문고)

● 명작은 언젠가 반드시 그 빛을 발한다

열심히 노력해도 주변에서는 알아주지 않는다고 느끼며 일에 대한 의욕을 잃을 뻔한 경험을 한 적 있을 것이다. 아무도 인정해주지 않는데도 눈앞의 일을 포기하지 않고 계속하기란 어렵다. 그럼에도 세상으로부터 전혀 인정받지 못한다고 해도 묵묵하게 자신의 일에 열정을 쏟는 사람도 있다. 그 대표 주자가 바로 화가 빈 센트 반 고흐^{Vincent van Gogh}다. 지금은 역사에 길이 남을 예술가로 칭송받는 존재지만, 그가 이런 평가를 받게 된 것은 세상을 떠난 이후다.

화가로 인정받지 못한 삶을 살았던 고흐는 어떤 마음으로 창작 활동을 했을까. 그것은 서간집 『고흐의 편지』를 읽어보면 알 수 있다. 그는 생전에 동생 테오도르와 친구인 화가 베르나르에게 엄청난 양의 편지를 보냈다.

> 이렇게 편안히 앉아 있으면 언젠가 우리에게도 승리의 날이 찾아올 거야.

이것은 동생 테오에게 보낸 편지의 한 구절이다. 이어서 그는 여전히 많은 습작을 그리고 있다고 보고한다. 동생 테오는 형 고흐에게 "형, 양보다 질을 더 중시하며 그림을 그려"라고 조언했다. 하지만 고흐 본인은 좋은 작품을 완성하겠다는 야심보다 안정되고 규칙적인 생활을 하면서 매일 꾸준히 그림을 그려나가는 것이 더 필요하다고 믿었다. 그는 예술가라기보다는 오히려 장인처럼 일하고 싶다고 생각했고, 그래서 다음과 같이 말했다.

> 이걸 그리고 싶다, 저걸 그리고 싶다는 식으로 떠들지 말고 신발을 만드는 것처럼 (중략) 일을 해야 하는 거야.

여러분도 많은 양의 일을 소화해내는 과정에서 점점 능숙해져 결과적으로 질도 향상되는 경험을 한 적 있지 않을까. 그런 결과를 얻기 위해서는 아직 일이 능숙하지 않아 잘하지 못하고 아무도 인정해주지 않을 때도 끈기 있게 일을 처리해야 한다.

주변 사람들의 인정을 받지 못할 때일수록 고흐처럼 일단 양을 늘리는 데에서 가치를 발견해야 한다. 그것이 좌절하지 않고 일을 지속하는 비결이다.

고흐는 우키요에의 열렬한 팬으로도 알려져 있다. 편지에도 종종 우키요에 장인들을 동경하는 마음을 표현했다. 특히 자연 속에서 살아가는 일본인의 소박함에 깊은 감명을 받아, 자신도 같은 감정을 느끼려 자연이 아름다운 남프랑스로 이사했을 정도다. 그곳에서 고흐는 그가 그리는 그림의 상징이라고도 할 수 있는 태양 빛 같은 노란색을 만나 자기만의 화풍을 확립했다.

"나도 저렇게 되고 싶다"라고 느껴지는 상대를 찾아보자. 그와 영혼이 통한다면 비록 지금은 좋은 평가를 받지 못하더라도 내가 하는 일이 반드시 누군가와 연결될 것이라는 생각이 들 수 있다. 고흐는 우리에게 그런 가르침을 준다.

계속 도전하면
세상은 바뀐다

"중요한 건 말이야, 플레처. 차근차근 순서를 따라
인내심을 가지고 우리의 한계를 넘어서려고 애쓰는 거야."

리처드 바크(1936~) | 비행사, 작가
『갈매기 조나단』(신초문고)

● 보답받지 못하더라도 멈추지 말아야 하는 이유

노력을 보답받지도 못하고 인정받지도 못하면 의욕을 잃는 수준이 아니라 극심한 불안이나 스트레스에 시달리기도 한다. 특히 도전하고자 하는 일이 전례가 없거나 위험성이 높을수록 세상은 "그런 일을 한다고 무슨 의미가 있어?", "어차피 잘 될 리가 없어"라며 비판적인 시선으로 바라본다.

아무도 이해해주지 않는 상황에서 계속 도전한다는 것은 쉬운 일이 아니다. 그럼에도 포기하지 않고 도전하는 사람만이 더 높은 곳으로 올라갈 수 있고, 나아가 주변 사람들도 감화시켜 세상을 바꿀 수 있다.

이를 우화적으로 그린 책이 미국의 작가 리처드 바크^{Richard Bach}의 소설『갈매기 조나단』이다. 1970년에 발표된 이 작품은 세계적인 베스트셀러가 되었다. 일본에서도 인기 소설가 이츠키 히로유키^{五木寬之}가 번역해서 큰 성공을 거두었다.

소설의 주인공은 '조나단 리빙스턴'이라는 이름을 가진 갈매기 한 마리다. 그는 무리 속에서 외롭고도 고고한 존재다. 동료 갈매기들이 오늘 하루 살아남기 위해 먹이에만 집중하고 있을 때 조나단은 비행술을 극한까지 끌어올리기 위해 비행 연습을 한다. 해수면 바로 위를 스치는 저공 활공을 수백 차례 연습하거나 300미터 높이에서 급하강해보는 등 아무도 시도한 적 없는 속도와 각도에 도전하면서 자신의 한계를 뛰어넘으려 한다.

모든 갈매기에게 중요한 것은 비행이 아니라 먹이였다 하지만 이 괴짜 갈매기 조나단 리빙스턴에게 중요한 것은 먹이보다 비행, 하늘을 나는 것 자체였다.

갈매기 사회에서 조나단의 사고방식은 너무 이질적이어서 부모조차 연습을 그만하라고 만류한다. 하지만 그는 계속 비행술을 연구한다. 공중에서 균형을 잃거나 해수면에 충돌하는 등 여러 번 실패를 반복하면서 마침내 뛰어난 비행 기술을 익히게 된다. 하지만 동료들은 먹이보다 비행을 중시하는 건 무책임한 행위라고 말하며 조나단을 무리에서 추방해버린다.

그래도 그는 한계를 돌파하겠다는 열정을 잃지 않았다. 지상으로부터 멀리 떨어진 곳에서 '치앙'이라는 장로 갈매기를 만난 조나단은 그의 지도를 받아 특훈을 거듭하며 시간과 공간을 초월하는 순간이동까지 해내는 '완전한 갈매기'의 경지에 이른다.

그러자 그의 마음속에 전에는 없었던 마음이 싹튼다. 과거의 자신처럼 한계를 돌파하고 싶어 하는 갈매기들에게 자신이 배운 것을 가르치고 싶다는 마음이다. 지상으로 돌아와 젊은 갈매기들을 가르치기 시작한 조나단은 제자인 '플레처'에게 이렇게 말한다.

"중요한 건 말이야, 플레처. 차근차근 순서를 따라 인내심을 가지고 우리의 한계를 넘어서려고 애쓰는 거야."

외롭고 고고한 존재로서 도전을 시작한 조나단은 자신의 경험을 바탕으로 차세대 젊은이들을 가르치고 이끌며 "한계는 극복할 수 있다"라는 진리를 끈질기게 전했다. 조나단은 도전을 자신만의 것으로 끝내지 않고, 도전 정신 그 자체를 갈매기 사회의 전통으로 뿌리내리고 싶었던 것이다.

　　　　　　　　　　　　　사장의 문장들

● 주변 사람들을 이해시킬 필요는 없다

인간 사회에서도 이와 비슷한 경우를 종종 볼 수 있다. 곧장 떠오르는 것은 앞에서 잠시 언급한 노모 히데오라는 투수가 메이저리그에 도전했을 때의 일이다. 당시에는 매스컴은 물론이고, 사람들도 "일본 야구계를 떠난다니 은혜를 모르는 사람이다", "메이저리그에서 통할 리가 없다"는 식으로 노모를 비판하고 조롱했다. 그럼에도 노모는 자신의 의지를 굽히지 않고 미국으로 건너가 이른바 '토네이도 투구법'으로 삼진 아웃을 산처럼 쌓으며 'NOMO 열풍'을 일으켰다.

노모의 성공을 계기로 일본에서는 메이저리그에 도전하는 선수들이 잇달아 등장했다. 노모 히데오가 투수로서 개척한 길을 스즈키 이치로가 야수로서 개척했고 지금은 오타니 쇼헤이가 투타 겸업의 '이도류'를 선보이며 개척하고 있다. 고독한 도전을 해야만 했던 최초의 한 사람이 역풍에 맞서 한계를 돌파했고, 그 정신이 다음 세대로 이어진 것이다. 노모는 그야말로 '야구계의 조나단'이라고 불릴만한 존재다.

만약 최선을 다해 노력하고 있는데도 인정받지 못한다고 느낀다면 갈매기 조나단의 정신력을 떠올려보자. 외롭고 고고한 도전자는 주변에서 자존심이 강해 상대하기 어려운 사람이라고 생각하기도 한다. 그래서 처음에는 어쩔 수 없이 직장에서 동떨어진 존재가 된다.

그럼에도 더 높은 곳을 목표로 삼는다는 기개를 굽히지 않고 계속 도전해서 지금까지 없었던 성과나 새로운 가치를 만들어내자. 그러면 그 정신에 공감해 자신도 도전하고 싶다고 말하는 후배가 나타날 것이다. 그 뜻을 잇는 후배와 동료가 늘어나면 사업과 회사는 훨씬 더 큰 성장을 이루게 된다.

혼자 외롭게 도전하며 버티는 동안에는 힘든 일이 많은지도 모른다. 하지만 "이 도전은 나 혼자만의 도전으로 끝나지 않을 것이다"라는 확고한 믿음이 큰 격려가 될 것이다. 그러니 우리 회사의 조나단이 되겠다는 마음으로 끊임없이 전진하자.

인생은 결국
염원하는 대로 이루어진다

"앞뒤가 맞지 않는 현실이니까
이치에 딱 맞는 '세계'를 보여줘야 하는 거다."

야마다 후타로(1922~2001) | 작가
『**팔견전**』(가와데문고)

● 강렬한 열정과 신념이 이끄는 길

한 가지 일을 오래 계속하다 보면 점차 의욕이 떨어지곤 한다. 그러나 높은 의욕을 유지하면서 업무에 도전하고 성과를 쌓아 큰일을 이루는 사람도 있다. 무엇이 차이를 만드는 것일까.

그것은 신념의 유무인지도 모른다. "이 길로 나아가겠다"라는 강한 신념을 가진 사람은 남들이 보기에는 같은 일의 반복처럼 보이는 업무도 질려하지 않는다. 오히려 자부심을 가지고 일을 처리한다. 설령 역경에 부딪히더라도 자신을 믿는 힘만 있다면 충분히 이겨낼 수 있다.

에도 시대에 활약한 작가 쿄쿠테이 바킨滝沢馬琴은 신념이 정말 강한 사람이었다. 대표작인『남총리견팔견전』은 모두 98권卷 106책冊에 이르는 초장편으로, 처음 집필을 시작해서 완결까지 28년의 세월이 걸렸다. 이 정도의 장기 연재인데도 불구하고 많은 사람이 기대하면서 끝까지 읽었던 이유는 기상천외한 이야기가 주는 풍부한 오락성 때문이었을 것이다.

때는 무로마치 시대 후기, "인의예지충신효제仁義禮智忠信孝悌"라는 글자가 한 개씩 새겨진 구슬을 가지고 태어난 여덟 명의 무사 집단 '팔견사八犬士'가 어떤 인연에 이끌려 결집하게 된다. 결집한 그들은 아와 사토미安房里見 가문을 지키기 위해 치열한 싸움을 벌인다.

파란만장한 전개와 더불어 싸우는 상대가 원령이나 요괴이기도 하고, 팔견사들이 요술이나 주술을 다루기도 하는 등 환상적인 요소들이 가득 차 있는 것도 이 작품의 매력이다. 나도 어린 시절 NHK에서 방영된 인형극을 보고 그 신비로운 세계관에 정신없이 몰입했었다.

지금도 많은 독자를 사로잡는 대히트작을 만들어낸 바킨이지만, 그는 사실 여러 차례 불행과 고난을 겪었다. 그럼에도 그가 창작 의욕을 잃지 않을 수 있었던 이유는 무엇일까. 그 이유가 궁금한 사람에게 추천하고 싶은 책이 야마다 후타로山田風太郎의『팔견전』이다.

이 작품의 특징은『남총리견팔견전』속 '허구의 세계'와 작가 바킨이 창작에 대한 집념을 불태우는 모습을 그린 '현실 세계'가 교차로 진행

되는 구성, 그 자체다. 바킨만큼이나 환상소설의 대가인 야마다의 필력에 의해 허구와 현실이 멋지게 교차한다. 팔견사의 활약을 즐기면서 바킨의 인생도 살펴볼 수 있어 일거양득이다. 이 작품은 2024년에 영화로도 만들어졌다.

현실 세계는 마흔일곱 살의 바킨이 앞으로 쓰고자 하는 『남총리견팔견전』의 줄거리를 이야기하는 장면에서부터 시작된다. 그 이야기를 듣고 있는 사람은 우키요에 화가인 가쓰시카 호쿠사이다. 그는 종종 바킨의 작품에 삽화를 그려주는 사이였다. 이 장면에서 바킨은 웃으며 이렇게 말한다.

"이 『남총리견팔견전』은 십 년쯤 걸릴 것 같군."

바킨 본인도 설마 그 세 배에 가까운 세월이 걸릴 줄은 몰랐을 것이다. 어쨌든 전체적인 줄거리를 들은 호쿠사이는 한숨을 내쉰다.

"당신처럼…… 그러니까 마치 석회를 굳힌 듯 완고한 사람이 왜……"

무가에 태어난 바킨은 진지하고 완고한 성격이었기 때문에 호쿠사이는 이 딱딱한 사람이 어떻게 이토록 황당무계한 이야기를 생각해낼 수 있었는지 어이없어하면서도 감탄한다. 그러나 한편으로는 고집스러움이 있는 바킨이었기에 이 황당무계한 이야기를 향한 흔들리지 않는 신념을 끝까지 이어갈 수 있었을 것이다.

● 인생을 지탱하는 단 하나의 원칙을 찾아라

바킨이 관철한 것은 '정의가 반드시 보답받는 이야기를 쓰겠다'는 신념이었다. 현실 세계는 불합리한 일 투성이로, 항상 정의가 이긴다고 할 수 없다. 그렇기에 소설에서만큼은 반드시 정의가 이기고 악이 벌을 받는 세계를 그리고자 한 것이다.

> "앞뒤가 맞지 않는 현실이니까 이치에 딱 맞는 '세계'를 보여줘야 하는 거다."

이것이 작가로서 바킨의 신념이었다. 또, 그에게는 잃어버린 무사의 신분을 자식 대에서는 되찾겠다는 바람이 있었다. 그러려면 아들이 다이묘大名, 넓은 영지를 가진 무사를 섬기는 신분이 될 수 있도록 돈을 벌어 훌륭히 키워내야 했다. 이 또한 집필을 계속할 수 있는 원동력이 되었다.

그러나 기대를 걸었던 아들은 병으로 인해 젊은 나이에 세상을 떠난다. 또 『남총리견팔견전』의 연재가 한창 인기를 얻었던 73살에 바킨은 두 눈을 실명하는 절망적인 상황에 빠진다.

그럼에도 바킨은 이 소설을 반드시 완성해야만 했다. 붓을 잡을 수 없게 되었음에도 책상 앞에만 앉아 있는 바킨의 모습에 구술필기를 제안한 사람은 죽은 아들의 아내인 며느리 '오미치'였다. 오미치가 먼저 "아버님이 말씀하시면 제가 받아 적겠습니다"라며 나섰다.

오랜만에 바킨의 집을 방문한 호쿠사이는 무언가 썬 듯 끊임없이 중얼거리는 눈먼 바킨과 그 말을 그대로 받아 적는 며느리 오미치의 모습에 감탄하며 이렇게 말한다.

"저건 그림이 된다."

호쿠사이는 두 사람의 모습에서 어려운 고통과 불교적 희열이 뒤섞여 '이 현실에는 존재할 수 없는 세계'를 본 것이다. 바킨은 아들과 두 눈을 잃었어도 어떻게든 정의가 이긴다는 이야기를 끝까지 완성하고 싶었던 것이다. 집념이라고 표현할 수밖에 없는 그의 강한 정신력이 주변 사람들도 끌어들였고, 마침내 『남총리견팔견전』은 완성되었다.

여러분도 의욕이 없을 때는 내가 삶에서 가장 소중하게 여기는 것을 다시 한번 되새겨보자. 그것이 곧 신념이며, 열정의 불꽃을 꺼트리지 않는 연료가 될 것이다. 신념이 있다면 바킨처럼 일뿐만 아니라 인생 자체가 흔들리지 않는다. 단 하나의 원칙이 통하기 때문이다.

행운은 진심과 기회가
만나는 지점이다

"무엇인가를 진심으로 원하면 우주는 항상 네 편이 되어준다."

파울로 코엘료(1947~) | 작가
『연금술사』(카도카와문고)

● **간절히 원하면 반드시 이루어진다**

2023년 월드컵 농구 경기에서 있었던 일이다. 일본 남자팀은 월드컵에서 단 한 번도 이겨본 적이 없었던 유럽팀인 핀란드를 상대로 대반전을 일으켰다. 당시 나도 텔레비전으로 관전하고 있었는데, 마지막 4쿼터에서 10점 차로 역전하는 극적인 전개가 펼쳐지는 것을 보고 흥분을 감출 수 없었다. 이런 일이 현실에서 일어나다니!

이 승리는 톰 호바스^{Thomas Hovasse} 감독과 선수들이 일본이 세계 대회를 제패하는 날이 반드시 올 것이라고 믿고 있었기 때문에 가능했다.

그 역전 드라마는 꿈을 믿고 마침내 이루어낸 그들의 이야기를 보여주었다. 이 시합을 보고 떠오른 것이 세계적인 베스트셀러가 된, 브라질 작가 파울로 코엘료$^{Paulo Coelho}$의 소설 『연금술사』다.

주인공인 양치기 소년은 꿈속에서 이집트 피라미드에 가면 숨겨진 보물을 발견할 수 있다는 말을 듣는다. 그 꿈을 믿은 소년은 그 길로 여행에 나선다. 길에서 다양한 사람들을 만나 인생의 지혜를 배우며 성장하고 자신의 운명을 실현하고자 노력하는 소년의 모습에 일본 농구 대표팀의 모습이 겹쳐 보인다.

여행을 떠나기 전, 소년은 한 명의 노인을 만난다. 노인은 소년에게서 꿈 이야기를 들은 것도 아닌데 이집트 피라미드 근처에 보물이 있다고 말하며 "보물을 발견하려면 징조를 따라가야 한다"라고 말한다.

"징조가 들려주는 말을 잊어서는 안 된다. 특히 끝까지 운명에 순응하는 것을 잊지 말거라."

그 '운명'이 무엇인지 모르는 소년에게 노인은 이렇게 설명한다.

"운명은 네가 항상 이루고자 했던 일이지."

노인은 징조란 운명이 실현되려 할 때 나타나는 힘이며, 그것을 놓치지 않고 붙잡아야만 운을 끌어당길 수 있다고 소년에게 가르쳐준다.

일본 농구 대표팀의 호바스 감독도 오늘은 어떤 선수에게 운이 따를지 징조를 간파하는 능력이 뛰어났다. 그래서 베네수엘라전에서도 이전까지 활약이 없었던 히에지마 마코토比江島慎를 선발했고, 히에지마는 잇달아 3포인트를 넣으며 팀 내 최다 득점을 기록, 역전승의 일등 공신이 되었다.

경기에서 이겨야만 따낼 수 있는 파리 올림픽 출전권을 걸고 치른 카보베르데전에서는 계속 부진을 보이던 토미나가 케이세이富永啓生를 선발했으며, 토미나가는 6개 연속으로 3포인트 슛을 넣는 등 역시 대활약을 했다. 호바스 감독은 이렇듯 '징조가 들려주는 말'을 따랐기 때문에 운을 자기 편으로 끌어올 수 있었던 것이다.

이야기 속에서 노인은 또 하나의 중요한 조언을 소년에게 건넨다.

"무엇인가 간절히 원하면 우주는 항상 네 편이 되어준다."

일본이 강호 핀란드를 이길 수 있었던 것도 감독과 선수들이 진심으로 승리를 바랐기 때문이다. "우리는 반드시 이긴다"는 모두의 믿음이 운을 끌어당겼다. 누구 한 명이라도 승리를 믿지 못했다면 팀은 승리를 거두기 어려웠을 것이다.

 사장의 문장들

● 꿈의 실현은 금보다 훨씬 큰 가치가 있다

이 작품의 주인공 소년도 반드시 보물을 찾을 수 있다고 믿으며 여행을 계속한다. 그는 아프리카의 사막을 건너는 도중 드디어 연금술사를 만난다.

연금술사 역시 소년에게 운명에 관한 다양한 가르침을 주며 소년이 꿈을 실현할 수 있도록 도와준다. 다만 연금술에 대해서는 아무것도 가르쳐주지 않는다. 납을 금으로 바꾸는 방법을 가르쳐달라고 부탁하는 소년을 연금술사는 이렇게 타이른다.

> "너는 이미 연금술을 알고 있다. 그것은 위대한 영혼과 연결되어 있으며 너를 위해 존재하는 보물을 발견하는 것이다."

연금술사가 말하는 '위대한 영혼'이란 사람이 무언가를 간절히 원할 때 작용하는 긍정적인 힘을 가리킨다. 그는 또 이런 말도 덧붙인다.

> "연금술이란 완전한 영혼을 물질세계에 가져다주는 것이다."

세상 사람들이 생각하는 물질로서의 금을 만드는 방법이 아니라, '영혼'이라는 정신적인 개념을 눈에 보이는 형태로 현실 세계에 나타나도록 하는 것이 연금술이며, 그것을 할 수 있는 사람은 금보다 훨씬 더

가치 있는 보물을 손에 넣을 수 있다는 뜻이다.

월드컵에서 일본팀의 활약은 그야말로 감독과 선수들의 '완전한 영혼'이 육체를 통하여 물질세계에 나타난 것 같았다. 진심으로 승리를 원하고 징조를 따르며 자신들이 운명을 실현할 수 있다고 끝까지 믿는, 그런 완전한 영혼을 팀 전원이 가지고 있었기 때문에 놀라운 경기와 기적 같은 승리를 현실에서 볼 수 있었다.

『연금술사』는 인간의 운명에 대해 생각해보도록 만드는 이야기가 가득 담긴 작품이다. "나는 앞으로 어떻게 될까"라는 불안과 망설임이 느껴질 때 읽는다면 운명을 개척하는 힌트를 얻을 수 있을 것이다.

나를 일으키는 그 시절의 꿈

하인리히 슐리만(1822~1890) | 고고학자
『고대에 대한 열정』(신초문고)

● 유년기의 꿈을 간직해야 하는 이유

아이들의 상상력은 정말 풍부하다. 어른이 이야기를 읽어주면 거기에 등장하는 괴물이나 유령이 실제로 존재한다고 순진하게 믿어버린다.

한 심리학 실험에서는 이런 결과가 보고되기도 했다. 아이들을 데리고 '뒤돌아서 맞히기' 게임을 하면 감시하는 어른이 없을 때는 몰래 뒤를 돌아보는 아이가 생겼다. 하지만 아무도 없는 빈 의자를 놓고 "여기에는 눈에 보이지 않는 투명한 공주님이 앉아 있어요"라고 말해두면 모두가 뒤를 돌아보는 반칙을 쓰지 않고 규칙을 지켰다고 한다. 아이들은 눈에 보이지 않더라도 상상력을 발휘하여 공주님이 정말 앉아 있다고 믿고 규칙을 지킨 것이다.

하지만 성장해서 어른이 되면 어린 시절의 솔직하고 순수한 상상력은 대부분 사라진다. 눈앞의 현실만 보며 일상적인 업무와 잡일에 쫓겨 정형화된 삶을 사는 사람이 적지 않다.

반면에 나이를 먹어도 풍부한 상상력을 잃지 않고 자신이 믿는 것에 모든 열정을 쏟아부어 위대한 업적을 이루는 사람도 있다. 고대 그리스의 트로이 유적을 발굴한 하인리히 슐리만^{Heinrich Schliemann}이 바로 그런 인물이다.

그가 유적을 발굴하기 전까지 트로이 전쟁은 호메로스의 서사시에 그려진 시인의 창작에 의한 공상의 산물로만 여겨졌다. 슐리만의 자서전『고대에 대한 열정』에 의하면, 그는 어렸을 때 아버지로부터 트로이 전쟁에 관한 이야기를 듣고 이건 틀림없이 실제로 있었던 사건이라고 확신한다. 그리고 여덟 살이라는 어린 나이에 반드시 자기 손으로 트로이의 유적을 발굴하겠다는 엄청난 계획을 세운다.

● 빛바래지 않은 과거의 열정으로 만든 오늘의 성공

여기까지는 흔한 이야기일지도 모른다. 예를 들어 어린 시절, 에도 시대 도쿠가와 막부가 몰락하기 전 감춰둔 보물이 어딘가 매장되어 있다는 이야기를 믿고 "언젠가 내가 그 전설의 보물을 발견할 거야"라고

 사장의 문장들

꿈꾸었던 일본인은 많다. 하지만 슐리만이 이 일본인들과 다른 점은 성장한 이후에도 트로이의 존재를 계속 믿으며 유적을 발굴하기 위해 구체적인 행동에 나섰다는 데에 있다.

더구나 슐리만이 보여준 행동은 대학에 가서 고고학을 배우는 등 일반인이 생각하는 방식과는 달랐다. 그가 가장 먼저 전념한 것은 자금 마련이었다. 유적을 발굴하려면 막대한 비용이 들기 때문에 그는 장사를 시작해서 염료 재료와 군수물자 등을 거래했고 이것으로 막대한 이익을 거두었다.

동시에 그는 언어 공부를 시작했다. 슐리만의 모국어는 독일어였지만 네덜란드어, 스페인어, 러시아어 등을 차례로 습득했다. 이 언어들은 다른 나라와 무역을 할 때도 도움이 되었다.

그중에서도 호메로스의 서사시를 원어로 읽기 위해 필요한 그리스어 공부에는 훨씬 더 많은 시간을 들였다. 슐리만은 이렇게 회상하기도 했다.

그 후 2년간 나는 오직 고대 그리스 문학에만 몰두했다. 『일리아스』와 『오디세이아』는 몇 번이나 반복해서 읽었다.

다른 언어를 공부할 때도 그는 같은 글을 계속 반복해서 소리 내어 읽고, 읽은 내용을 머릿속으로 되새기며 기억력을 강화했다고 말한다.

이렇게 끈질기게 공부할 수 있었던 것은 트로이 유적을 발굴하겠다는 강렬한 열정이 그를 움직이는 원동력으로 작용했기 때문이다.

충분한 자금을 마련한 슐리만은 사업에서 손을 떼고, 마흔여섯의 나이에 드디어 꿈을 실현하기 위해 발굴 조사에 나섰다. 그때 호메로스의 작품을 완벽하게 암기하고 있었던 것이 큰 도움이 되었다. 그는 서사시에 등장하는 땅을 찾아 돌아다니며 당시 트로이의 수도가 있었다고 여겨졌던 장소도 방문하지만 어딘가 위화감을 느꼈다고 한다.

언뜻 보았을 때 내 눈에는 이 평야가 너무 가늘고 긴 듯한 느낌이 들었다.

머릿속에 각인되어 있던 『일리아스』 속 묘사와 눈앞의 지형이 일치하지 않았기 때문이다.

이렇게 슐리만은 가는 곳마다 지형이나 경관을 호메로스의 묘사와 대조해보면서 트로이의 수도가 지하에 묻혀 있을 만한 장소를 찾았다. 고고학 전문가들이 창작이라고 단정 지었던 호메로스의 말을 그는 전혀 의심하지 않고 믿었다. 그리고 마침내 그 열정이 결실을 이루며 슐리만은 트로이의 왕을 위해 쌓은 성벽을 발굴한다.

"여기가 바로 파괴된 트로이야!"

그야말로 "믿는 자는 구원받는다"라고 표현할 수밖에 없다. 슐리만은 그 후에도 계속 고대 그리스의 유적과 유물을 발굴하여 68살의 나이로 사망할 때까지 고고학 연구에 모든 에너지를 쏟았다. 어린 시절의 상상력을 잃지 않고, 머릿속에 그리던 꿈을 실현하기 위해 열정이 이끄는 대로 내가 믿는 길을 걸어가는 것. 그와 같은 삶을 살 수 있다면 얼마나 행복할까.

만약 여러분이 틀에 박힌 일상이 정말 재미없다고 느낀다면 어린 시절이나 젊은 시절의 꿈을 다시 한번 떠올려보자. 일론 머스크가 우주 개발 사업에 열정을 쏟는 것은 어린 시절 상상했던 인류를 화성으로 이주시킨다는 꿈을 실현하기 위해서인 것처럼 꿈을 믿는 힘은 업무에서도 엄청난 에너지를 발휘한다. 내 안의 열정을 되찾으면 틀림없이 하루하루가 설렘으로 바뀔 것이다.

인재의 육성

좋은 리더는
먼저 섬기는 사람이다

마치 아기를 보듯 병사를 보라.

손무(생몰년 미상) | 병법 사상가
『손자병법』(고단샤학술문고)

● 사람을 이끌고 싶다면 그들 뒤에서 걸어가라

직장인들 사이에서 인기 있는 중국 고전 중 하나는 『손자병법』으로, 지금으로부터 약 2500년 전에 쓰인 병법서다. 1972년 중국 산둥성에서 출토된 죽간본竹簡本, 대나무 판에 기록된 사본에 쓰여 있는 내용으로 미루어보아 이 책은 춘추시대의 병법가 손무孫武에 의해 쓰였다는 설이 통설로 자리 잡았다. 종이가 발명되기 훨씬 이전에 쓰인 것이 시대를 초월해서 현대인에게 막대한 영향을 끼치고 있으니, 정말 대단한 일이다.

회사는 전쟁터이며 리더는 항상 이기기 위한 힌트를 얻고자 한다.

더구나『손자병법』의 내용은 오늘날 직장에서도 통할 정도로 매우 구체적이고 합리적이다. 그래서 많은 사람이 계속 읽는 것이다.

적을 알고 나를 알면 백 번 싸워도 백 번 이긴다.

이 구절은 "지피지기백전백승知彼知己百戰百勝"으로도 알려진 아주 유명한 말이다. 상대를 아는 것이 얼마나 중요한지는 스포츠 경기만 봐도 알 수 있다. 2019년의 럭비 월드컵에서 일본이 승승장구한 것도 상대를 철저히 분석해 "이 팀과 싸울 때는 패스를 이어가야 한다", "이 팀과 싸울 때는 스크럼으로 짜서 밀고 나가야 한다"는 식으로 유연하게 전술을 바꾸었기 때문이다. 이것을 업무로 치환하면 "거래처나 경쟁사를 모르면 성과는 낼 수 없다"는 조언이 된다.

또, 부하 직원 관리 때문에 고민하는 상사에게는 이렇게 조언해줄 수도 있다.

마치 아기를 보듯 병사를 보라.

장군이 평소에도 병사를 마치 귀여운 아기를 보는 것처럼 대해야만 위급한 순간에 전쟁터에서 장군과 생사를 함께하려 한다는 것이『손자병법』의 가르침이다. 리더가 부하의 마음을 사로잡으려면 따뜻함과 애정을 보여주는 것이 매우 중요하다는 뜻이기도 하다.

하지만 상사가 부드럽게만 대하면 지나친 응석을 부리게 되어 부하 직원의 능력이 향상되지 못할 수도 있다. 그래서『손자병법』에는 이런 말도 나온다.

죽을 자리에 빠트려야 비로소 살길이 열린다.

병사들은 죽을 수밖에 없는 절체절명의 위기에 몰려야 비로소 살아남는다는 뜻이다. 즉, 인간은 궁지에 몰리면 어떻게든 살아남으려고 힘을 내기 때문에 부하들의 능력을 이끌어내고 싶다면 일부러 가혹한 상황에 빠뜨리라는 것이다. 현대사회에 '사지死地'는 없지만 그와 유사한 시련을 만들 수는 있다. 애정과 시련, 양쪽 모두 필요하다고 말하는 것이야말로 상사와 부하의 관계에도 딱 들어맞는 현실적인 조언이다.

업무와 관련된 대화를 하는 도중에도『손자병법』에 나오는 말을 가볍게 인용할 수 있다면 리더에 어울리는 품격과 위엄을 갖출 수 있다. 승부나 경쟁에 관한 보편적인 진리를 알고 싶다면 부디『손자병법』을 옆에 두고 반복해서 읽어보기를 권한다.

호기심은 결코
마음을 지치게 하지 않는다

실물! 실물! 우리는 언어에 너무 많은 힘을 부여하고 있다.

장 자크 루소(1712~1778) | 철학자
『에밀』(이와나미문고)

● 사고력을 폭발적으로 끌어올리는 법

나처럼 교직에 종사하는 사람이 아니더라도 교육은 누구에게나 큰 관심사일 것이다. 자녀나 부하 직원을 어떻게 교육해야 좋을지 고민하는 현대인은 많다.

교육학의 고전으로는 프랑스 철학자 장 자크 루소^{Jean-Jacques Rousseau}의 『에밀』을 꼽을 수 있다. 루소는 프랑스 혁명을 사상적으로 준비한 인물로, 1762년 간행된 『에밀』은 '근대 교육학의 바이블'로 불리며 지금까지 널리 읽히고 있다. 그 내용은 오늘날 교육의 원류다.

일본의 교육 현장에서는 2020년도부터 새로운 학습지도요령이 도입되었는데, 중시해야 할 요소로 사고력, 판단력, 표현력을 들 수 있다. 지금까지 학력이라고 하면 체계화된 지식을 암기하고 재현할 수 있는 것이었지만, 앞으로는 훨씬 더 자유로운 발상으로 문제발견능력이나 문제해결능력을 키워야 한다는 방침이 제시된 것이다.

지금의 일본은 이것을 새로운 교육개혁이라고 말하지만, 사실 이미 18세기에 루소는 주입식 교육의 한계를 지적했다. 루소는 말로 설명하는 것이 아니라 실물을 주고, 그것으로부터 문제나 흥미를 발견하게 해야 한다고 말한다.

실물! 실물! 우리는 언어에 너무 많은 힘을 부여하고 있다.

『에밀』에 등장하는 이 문장에는 루소의 주장이 담겨 있다. 어린아이는 실물을 좋아한다. 장난감을 주면 정신없이 빠져들고, 눈을 보면 눈에만 집중한다. 그렇게 실물로부터 탐구심을 배운다. 루소가 단언하는 이유도 그래서일 것이다.

사실 이외에는 어떤 것도 주어서는 안 된다. 글을 읽는 아이는 생각하지 않는다. 그저 읽을 뿐이다.

나는 체계적인 지식 암기를 통해 전통적인 의미의 학력을 갖추는 것
도 매우 중요하다고 생각한다. 책이나 수업을 통한 공부를 전혀 하지
말라는 것은 매우 극단적이며, 루소 본인도 많은 책을 읽어온 사람이
라는 점을 잊어서는 안 된다. 그런 다음 루소의 말에 귀를 기울이면 현
대사회를 사는 우리도 아이나 부하 직원의 교육에 대해 다양하게 배울
점을 얻을 수 있을 것이다.

이처럼 실물을 보여주면 누구나 자연스럽게 호기심을 갖게 된다.
단, 루소는 이런 점을 주의해야 한다고 지적한다.

호기심을 키우려면 결코 서둘러 만족시켜서는 안 된다.

그리고 본인의 수준에 맞는 문제를 내고 스스로 풀게 하라고 말한
다. 나아가 양육자가 답을 가르쳐줘서가 아니라 스스로 이해했기 때문
에 아는 상태로 만들어야 한다고 덧붙인다. 답을 모르는 상태에서 스
스로 힘들여 생각하거나 실행해야만 자기 것이 된다. 그렇게 하려면
충분한 시간이 필요하다. 따라서 호기심을 키워주려면 양육자가 여유
를 두고 지켜볼 줄 알아야 한다.

● 함께 새로운 문을 열고 나아가기

1934년부터 약 반세기에 걸쳐 진행된 호류지^{法隆寺} 대규모 보수공사

　　　　　　　　　　　　　　　　　　사장의 문장들

에서 수석 목수로 활약한 니시오카 츠네카즈西岡常一라는 전설적인 대목수가 있다. 그의 할아버지와 아버지도 대목수로, 그는 어린 시절부터 할아버지에게 영재교육을 받았다. 단, 그의 할아버지는 니시오카를 말로 가르치는 일은 전혀 없이 끌을 가는 법조차도 당신이 하는 것을 보면서 직접 흉내 내는 식으로 가르쳤다고 한다.

이렇게 익힌 기술을 마음껏 발휘한 것이 호류지 본당의 재건 프로젝트였다. 니시오카는 고대에 사용되었던 '야리간나槍鉋, 일본식 자루대패로 창날과 비슷한 칼날에 긴 자루를 댄 것'라는 도구를 사용하면 재건이 가능하다고 판단했다. 하지만 당시 그 도구는 실물이 남아 있지 않았다. 그래서 오래된 자료들을 모아 야리간나의 재현을 시도했고, 시행착오 끝에 호류지의 낡은 못을 재료로 사용하여 야리간나를 만드는 데에 성공했다. 그 덕분에 본당은 멋지게 건립 당시의 모습을 되찾을 수 있었다.

이 중요한 일을 성공시킬 수 있었던 것은 니시오카가 어렸을 때부터 키운 도구에 대한 호기심이 있었기 때문이다. 처음에는 할아버지의 지시로 마지못해 끌을 갈았던 것이 오랜 기간 이어지면서 호기심이 끓어올랐고, 도구에 대한 깊은 탐구심으로 이어졌다. 그 덕분에 이렇게 어려운 과제를 해결할 수 있었다. 즉, 긴 시간을 두고 니시오카를 지켜봐 주었던 할아버지라는 존재가 있었기 때문에 이 모든 것들이 가능했다.

상사가 부하를 지도할 때도, 자기도 모르게 무엇이든 가르쳐주고 싶어진다. 지금은 업무에서 속도가 생명이니 상사가 필요한 것을 '쓱싹'

가르쳐주는 방식도 나쁘다고는 생각하지 않는다. 다만 부하 직원이 일을 제대로 처리하지 못할 때나 문제를 일으켰을 때는 스스로 해결책을 찾을 수 있도록 내버려두지 않으면 행동은 바뀌지 않는다. 그럴 때는 "왜 뜻대로 풀리지 않는지 이틀 동안 생각해봐"라는 식으로 부하 직원이 충분히 생각해볼 수 있도록 기한을 정해주는 것이 좋다.

또, 부하 직원의 호기심을 키워주는 것도 상사의 중요한 역할이다. 실물을 제공하는 것 외에 부하가 무엇인가 깨달으면 "그래? 대단한데!"라는 식으로 함께 감탄하는 모습도 보여주고, 과제가 있다면 "함께 생각해보자"라는 식으로 분위기를 띄워야 한다. 앞으로 바람직한 상사에게는 부하와 함께 몰입하고 함께 성장하는 동료 같은 자세가 더욱 요구될 것이다.

경청을 초월하는
최고의 듣기

타인의 말을 유심히 듣는 습관을 들여라.
그리고 그 사람의 영혼으로 들어가라.

마르쿠스 아우렐리우스(121~180) **| 로마 황제**
『**명상록**』(이와나미문고)

● 진정한 리더는 영혼의 목소리를 듣는다

제16대 로마 황제 마르쿠스 아우렐리우스^Marcus Aurelius^는 지금으로부터 약 1900년 전에 활약한 인물이다. 황제이면서 스토아학파의 철학자이자 고대 로마가 가장 번영했던 시대를 통치한 '오현제五賢帝'의 한 사람으로도 알려져 있다.

아우렐리우스는 황제로서의 책무를 다하면서도 철학적 사색과 내면의 성찰을 반복하여 사고와 행동이 일체화된 삶을 살았다. 그런 철인 황제가 자신의 내면세계를 마주하고, 그곳에서 탄생한 말들을 산문 형

식으로 엮은 것이『명상록』이다.

『명상록』은 다른 사람이 읽을 것을 가정하고 쓴 것이 아니기 때문에 짧은 문장들이 단편적으로 나열되어 있을 뿐, 제대로 된 책으로 구성되어 있지는 않다. 따라서 어떤 페이지부터 어떤 순서로 읽어도 상관없으며, 그 문장 하나하나 모두 가슴에 스며든다.

예를 들어 뒤쪽을 펼쳐보면 이런 말이 눈에 들어온다.

불편하다고 생각하는 것에도 익숙해져라.

아우렐리우스는 왼손으로는 어떤 일을 해도 서투른데 말의 고삐만큼은 오른손보다 확실히 편하게 잡을 수 있다고 말한다. 그것에 익숙해졌기 때문이다. 즉, 서투르다고 생각하는 일도 습관이 되면 능숙해진다는 뜻이다.

공부든 기술이든 못한다고 내팽개치지 말고, 가능하면 꾸준히 연습해서 계속할 수 있도록 만들라는 가르침 자체는 당연하다. 비슷한 말을 들어본 사람도 많을 것이다. 그렇다고 해도 남에게 "못하는 일에도 익숙해져야지"라는 말을 듣는다면 짜증부터 난다. 하지만 고대 로마의 철인 황제가 한 말이라고 생각하면 순순히 귀를 기울이게 된다.

또, 아우렐리우스는 사람을 사귈 때는 이런 습관을 들여야 한다고 말했다.

타인의 말을 유심히 듣는 습관을 들여라. 그리고 그 사람의
영혼으로 들어가라.

다른 사람의 말을 제대로 들으라는 것도 흔히 듣는 당연한 조언이
다. 그러나 상대방의 영혼까지 파고 들어갈 정도로 진지하게 경청하는
사람이 과연 얼마나 있을까. 이 정도의 경청은 단순히 맞장구만 치면
되는 수준이 아니다. 상대방의 말을 오로지 '잘' 듣기만 하는 기술을 뛰
어넘는 고도의 경청법이다.

● 이해받으려 하기 전에 먼저 이해하라

아우렐리우스가 중요하게 강조한 그 사람의 영혼으로 들어가는 것
은 상대방의 마음 깊숙이 들어가려는 자세를 익히는 것이다.

예를 들어 두 사람이 짝을 이루어 스트레칭을 한다. 이때 상대방의
몸을 무리해서 구부리거나 억지로 펴서 고통을 느끼게 하는 사람이 있
는 반면에 상대방이 고통을 느끼기 바로 직전의 단계에서 적당히 멈출
줄 아는 사람도 있다.

혼자 스트레칭 연습을 한다면 더 구부리면 아프다거나 이 각도라면
괜찮다는 감각을 알아차리기 쉽다. 그 감각을 상대방에게 맞추면 동작
을 여러 번 반복하지 않아도 나의 몸처럼 상대방의 몸에 맞는 가장 완
벽한 각도를 알게 된다. 이것이 상대방의 영혼으로 파고든 상태다.

다른 사람의 이야기를 들을 때도 상대방과 나를 겹쳐 보면 마음 깊은 곳에서 공감이 우러나온다. 이쪽이 먼저 공감하면 상대방은 마음을 열고 진심을 이야기한다.

부하 직원이 실수했을 때도 상사가 무조건 화부터 내면 부하는 입을 닫을 뿐 사실은 말해주지 않는다. 따라서 먼저 실수한 상대방의 영혼으로 들어가 "그래, 그거 정말 힘들었겠어" 하고 공감하는 모습을 보여주어야 한다. 이런 식으로 상대방의 마음을 이해하려는 자세는 특히 리더에게 필수적이지 않을까.

아우렐리우스는 지속적으로 깊은 반성과 통찰을 한 인물이기 때문에 『명상록』에는 자기 자신을 마주하는 방식에 관한 훌륭한 말도 있다.

자신에게 일어나는 일만을, 운명의 실이 자신에게 엮어주는 일만을 사랑하라.

지금은 인터넷이나 SNS에서 다양한 정보를 얻을 수 있기 때문에 나와는 직접적인 관계가 없는 일이나 타인의 말 하나에도 마음이 흔들린다. 그럴 때는 나에게 일어난 일만을 나의 운명으로 삼고 사랑하면 된다. 로마 황제가 이렇게 멋진 말을 건넨다면 역시 따르는 수밖에 없다.

2000년 가까운 시간을 넘어 우리에게 건네는 아우렐리우스의 조언에 귀를 기울여보자.

 사장의 문장들

자신에게는 엄격하게, 타인에게는 부드럽게

봄바람처럼 사람을 대하고 가을 서리처럼 스스로를 대하라.

사토 잇사이(1772~1859) | 유학자
『**언지사록**』(고단샤학술문고)

● 봄바람이 주는 좋은 느낌을 익혀라

내가 젊은 시절부터 즐겨 읽었던 책 중에 『언지사록』이라는 책이 있다. 에도 시대의 유학자인 사토 잇사이佐藤一斎의 어록집으로, 날카로운 말들이 많아 전부 나의 '좌우일행'으로 삼고 싶을 정도다. 메이지 유신의 주역인 사이고 다카모리西郷隆盛의 애독서로도 잘 알려져 있는데, 사이고는 『언지사록』에서 특히 마음에 남은 101조를 베껴 항상 곁에 두고 여러 번 되새겼다고 한다.

사람 위에 서는 자의 마음가짐이나 배움의 중요성 등을 설명한 이 책은 오늘날 '리더의 바이블'로 불린다. 예를 들어 이런 문장은 현대사회의 리더에게 더욱 와닿지 않을까.

봄바람처럼 사람을 대하고 가을 서리처럼 스스로를 대하라.

다른 사람은 봄바람처럼 따뜻하게 대하고 자기 자신은 가을 서리처럼 엄격하고 날카롭게 대하라는 뜻이다.

요즘은 준법정신을 중요시하는 시대로, 부정이나 불상사에 대해 세간의 시선이 과거보다 더욱 엄격하다. 기업이든 개인이든 조금이라도 대충 일을 처리하면 순식간에 사람들의 신뢰를 잃고 지금까지 쌓아 올린 지위가 무너지게 된다. "세금을 신고해야 하는데 깜빡 잊고 있었다"고 해명한 연예인이 있었는데, 본인에게 악의가 없었다 하더라도 그 '깜빡'이 허용되지 않는 시대가 된 것이다. 특히 리더의 지위에 있는 사람은 더욱 엄격하고 냉정하게 자신을 대할 필요가 생겼다.

한편, 타인에게는 엄격함과는 정반대로 좋은 느낌이 중요하다. 봄바람이라는 표현을 들으면 떠오르는 따뜻함과 부드러움, 편안함을 상대방이 느낄 수 있도록 대하라고 사토 잇사이는 말한다.

봄바람 같은 사람을 상징하는 인물로 내 머릿속에 가장 먼저 떠오르는 이는 만담가 슌푸테이 쇼타^{春風亭昇太}다. 몇 번 만나본 적이 있는데, 항상 따뜻한 분위기와 친근한 미소로 주변을 밝게 만드는 사람이다.

　　　　　　　　　　　　　　　　사장의 문장들

연예 프로그램 「웃음점^{笑点}」의 사회자이자 일본만담예술협회 회장을 맡고 있는 '만담계의 리더' 같은 존재지만, 잘난 체하는 태도를 보이거나 주변을 불쾌하게 만드는 일이 없다.

봄바람과 같은 인물은 타고나는 것이 아니다. 사회성으로 만들어지는 것이다. 스스로 그런 사람이 되고 싶다는 의식만 있다면 봄바람과 같은 예의를 익힐 수 있게 된다. 여러분도 포스트잇에 "봄바람처럼 사람을 대하라"라고 써서 컴퓨터 모니터 끝에 붙여보는 것은 어떨까. 그 말이 항상 눈에 들어오면 강하게 의식하게 될 것이다.

리더가 부드럽게 대해주면 주변 사람들은 당연히 고맙게 생각한다. 그뿐 아니라 본인도 덩달아 기분이 좋아진다는 장점이 있다. 항상 초조해하거나 짜증을 내기보다 마음을 안정시키는 쪽이 일에 집중하기도 쉽다. 본인의 마음을 정돈하기 위해서라도 의식적으로 봄바람처럼 행동하는 것을 추천한다.

● 누구에게나 배울 점은 반드시 있다

무릇 다른 사람과 이야기할 때는 반드시 스스로 자신의 장점을 말하게 해야 한다. 나에게 이로울 것이다.

사토 잇사이는 사람들과의 소통에 대해서 이런 말도 했다. 사람들과 이야기할 때는 상대방의 장점이나 좋은 점을 알아차려 주는 게 좋다는 말이다. 즉, 잘 듣고 장점을 파악해야 한다는 뜻이기도 하다.

파나소닉의 창업자 마쓰시타 고노스케^{松下幸之助}가 어느 공장을 시찰했을 때의 일이다. 안내를 맡은 공장장은 계속 공장에 관해서 이야기했다. 그리고 시찰을 끝낸 후 마쓰시타는 이렇게 말했다고 한다. "어떻게 해야 이 공장이 더 좋아질 수 있는지 물어봐주면 좋았을 텐데."

마쓰시타 고노스케라고 하면 '경영의 신'으로 불리는 사람으로, 경영은 그의 특기 중 특기다. 그런 인물을 눈앞에 두고 왜 상대가 잘하는 일을 묻지 않았을까. 마쓰시타는 모처럼 한 가지라도 배울 소중한 기회를 놓쳐버려 정말 안타깝다고 말하고 싶었던 것이 아닐까.

사토 잇사이는 상대방의 장점을 묻는 일이 결국 나에게도 이익이 된다고 말한다. 마쓰시타와 같은 천재적인 인물이 아니더라도 누구나 나에게 없는 특기 분야나 장점을 가지고 있기 때문에 그것을 잘 들어보면 반드시 나도 얻는 것이 있다는 뜻이다.

나도 학생들과 이야기할 때면 항상 잘하는 것이 무엇인지 묻는다. 학생들도 아르바이트나 교우 관계에서 다양한 경험을 하고 있어서 나보다 더 잘 아는 것들이 많기 때문이다. "게임센터에서 아르바이트한다면서? 요즘에는 어떤 게임이 유행이야?"라는 식으로 물어보면 내가 모르는 세계에 관해서 배울 수 있다.

택시를 타면 기사에게 자동차나 지름길에 관해서 물어보고, 아이들과 이야기할 때는 애니메이션이나 만화에 관해서 물어본다. 이렇게 상대방이 자신 있어 하는 것을 물어볼 때마다 "와, 정말?" 하는 놀라운 사실을 알게 되고, 그런 발견이 정말 즐겁다.

총 네 권으로 구성된 『언지사록』에서는 이 외에도 많은 명언을 만날 수 있다. 여러분도 이 책에서 나만의 '좌우일행'을 찾아보길 바란다.

관용은
진정한 리더의 지혜다

"뭐, 쫓는 자도 있고 도망치는 자도 있는 법이지."

이케나미 쇼타로(1923~1990) | 작가
『오니헤이 범과장』(문예춘추문고)

● **리더의 자질은 부하의 실수에 대처할 때 드러난다**

나는 가끔 에도 시대의 정취에 젖고 싶을 때가 있다. 낮의 분주함이 사라지고 밤이 깊어 고요해지면 마음의 긴장을 잠시 풀고 여유를 느끼고 싶어진다. 이럴 때는 에도 시대의 정취가 제격으로, 시대극을 보거나 시대 소설을 읽으며 시간을 보낸다.

에도 시대를 배경으로 한 소설 중에서도 특히 유명한 것이 이케나미 쇼타로池波正太郎의 『오니헤이 범과장鬼平犯科帳　決定版』이다. 드라마와 만화로도 제작되어 다양한 세대로부터 인기를 모은 작품이다.

이 작품은 방화와 강도를 단속하는 화부도적개방^{火付盗賊改方}의 장관을 지낸 '하세가와 헤이조'를 주인공으로 하는 사건 일지이며, 동시에 상사의 그릇이란 무엇인지 가르쳐주는 작품이기도 하다.

작중 헤이조는 도둑들 사이에서 '귀신 헤이조'라 불리는 두려운 존재지만, 부하들에게는 아량이 넓은 인물로 그려진다.

그중에서도 헤이조가 장관에 부임한 지 얼마 되지 않았을 무렵, '오노 주조'라는 부하가 실수를 보고하러 오는 장면이 인상적이다. 주조는 두 명의 도둑을 잡기 위해 잠복해 있었는데, 그중 한 명을 놓치고 만다. 주조는 그나마 잡을 수 있었던 '구메'라는 도적 한 명만 데리고 관청으로 돌아와 상사인 헤이조에게 사건을 보고한다.

대장 하세가와 헤이조는 보고를 받자마자 "수고했다"라고 위로하며, "그 구메라는 녀석에게서 자백을 받아낼 수 있겠느냐?"라고 물었다. 주조가 "네"라고 대답하자, 헤이조는 흔쾌히 "그래, 오노에게 맡기겠다"라고 말했다.

이어 다른 한 명을 놓친 것을 사과하는 주조에게 헤이조가 말한다.

"뭐, 쫓는 자도 있고 도망치는 자도 있는 법이지. 신경 쓰지 마라" 헤이조는 따뜻한 미소를 주조에게 보이며 말했다.

이 대화는 그야말로 그릇이 큰 상사의 본보기를 보여주는 듯하다. 결과가 어떻든 일단 부하의 노력을 격려하는 태도가 중요하다. 수고했다는 말 한마디 하지 않고 무조건 "왜 둘 다 잡지 못했느냐?"라는 식으로 비난해서는 안 된다.

우선 노고를 치하하고 나서 앞으로의 계획을 확인하고, 그 계획은 부하에게 전적으로 맡긴다. 이런저런 잔소리를 늘어놓거나 참견하지 않고 "너를 믿는다"라고 전한 것이다.

실수를 사과하는 부하에 대한 답변이 그 무엇보다 멋지다. 전력으로 쫓는 자가 있기 때문에 필사적으로 도망치는 자도 있는 것이다. 쫓다 보면 붙잡을 때도 있고 놓칠 때도 있다. 상대도 움직이는 인간이기 때문에 항상 성공한다는 보장은 없다.

오늘날의 직장에서도 마찬가지다. 예를 들어 프레젠테이션에서 선택이 될지 안 될지는 최종적으로 고객의 판단에 달려 있다. 아무리 노력해도 선택받지 못할 수도 있다. 부하 직원이 선택받지 못했다고 보고하러 왔을 때 "그래. 프레젠테이션을 하는 사람이 있으면 선택하는 사람도 있는 거야. 자네가 최선을 다했으면 그것으로 충분해"라고 대답할 수 있다면 멋지지 않을까?

● 그릇이 큰 리더가 인재를 이끈다

사실 처음 만났을 때부터 주조는 헤이조에게 호감을 가지고 있었다.

　　　　　　　　　　　　　　　　　　　　　　사장의 문장들

어떤 정보를 입수한 주조가 헤이조에게 지시를 받으러 가자 그는 그때도 역시 웃음을 지으며 이렇게 말했다.

“자네에게 맡기지. 당분간은 자네가 많은 것을 가르쳐줘야 할 거야.”

그 모습을 본 주조는 헤이조를 그릇이 큰 사람이라고 느낀다.

회사에 다니다 보면 인사이동으로 인해 다른 부서에서 새로운 상사가 오는 경우가 있을 것이다. 그때 “오늘부터 내 방식을 따라야 합니다”라고 말하는 상사보다 “이 부서의 업무는 여러분이 더 잘 알고 있을 테니까 당분간 여러 가지로 잘 가르쳐주세요”라고 웃으며 인사하는 상사가 훨씬 더 그릇이 커 보일 것이다.

이 작품 속에 등장하는 헤이조와 부하들의 대화를 읽는 것만으로도 이 사람을 따라가자는 판단을 내릴 수 있는 상사가 어떤 상사인지 배울 수 있다.

상사가 아량이 넓으면 사무실 분위기도 좋아진다. 헤이조에게는 ‘기무라 츄고’라는 유흥을 좋아하는 부하도 있는데, 헤이조는 츄고의 개구쟁이 같은 행동도 너그럽게 이해하고 아껴주었다. 츄고가 좋은 일을 했을 때나 반대로 실수해서 침울할 때는 “자, 이 돈으로 한잔하고 오게”라며 용돈을 건네는 장면이 자주 등장한다. 부하의 기분이 어떤지

늘 살피고 자연스럽게 챙겨주는 모습에서도 상사로서의 넓은 아량을 느끼게 한다.

나도 학생들을 최대한 세심하게 배려하려고 노력하고 있다. 크리스마스에 혼자 지내기가 외롭다고 말한 학생이 있었는데, 내가 사비를 들여 강의 쉬는 시간에 조촐한 파티를 열어준 적도 있다. 친구들과 재미있게 보냈는지 학생들은 좋은 추억이 되었다며 기뻐해주었다.

여러분도 부하 직원들이 열심히 일할 때 "다들 커피라도 한 잔씩 해요"라며 카드를 건넨다면 직장의 분위기가 훨씬 밝아질 것이다. 이렇게 헤이조에게 상사로서의 품위를 배워보자.

의욕이 없는 부하는
공감으로 일으켜라

신란도 이와 같은 의문을 품었으나,
다만 유엔 또한 같은 심정이었노라.

신란(1173~1263) | 종교인
『단니쇼』(혼간지출판사)

● 고민하는 부하에게 의지가 되어주는 법

가마쿠라 시대에 정토진종^{浄土眞宗, 일본 불교 종파 중 하나}을 창시한 신란^{親鸞}은 90년에 걸친 생애를 진실을 추구하는 데에 바친 보기 드문 종교인이다. 신란의 가르침을 전하는 책으로는 정토진종의 성전^{聖典}으로 불리는 『교교신쇼^{教行信証}』가 있지만, 후세까지 일반인에게도 널리 읽히는 것은 『단니쇼^{歎異抄}』다.

이 책은 신란이 세상을 떠난 후, 문하생인 유엔^{唯円}이 스승의 말을 기록한 것으로 알려져 있다. '단니^{歎異}'는 문자 그대로 '다른 것(異)을 한탄

(歎)하다'라는 뜻이다. 『단니쇼』의 서문에는 유엔이 신란의 가르침과는 다른 내용이 퍼져나가는 것을 안타깝게 여겨 스승의 진실한 말을 세상에 전하기 위해 이 책을 썼다고 기록되어 있다.

『단니쇼』에는 신란이 젊은 제자들과 나눈 솔직한 대화가 평이한 문장으로 기록되어 있다. 이 책의 매력은 한 인간으로서의 신란의 훌륭한 인격과 넓은 아량을 느낄 수 있다는 점이다.

어느 날 유엔이 신란에게 이런 상담을 했다. 염불을 외우고 있지만 뛰쳐오를 듯한 기쁨은 솟아나지 않고, 극락정토에 왕생하고 싶은 마음 역시 조금도 생기지 않으니 이걸 어찌 해야 좋겠느냐는 고민이었다.

우선 여기서부터 놀랍다는 생각이 든다. 현대사회로 비유하자면 부하 직원이 상사에게 "아무리 노력해도 의욕이 생기지 않고, 일을 해도 성공하고 싶다는 기분이 들지 않습니다"라고 말하는 것과 같기 때문이다. 일반적으로는 상사에게 이런 속마음을 털어놓지 않는다.

그러나 신란 역시 대단하다. 가장 먼저 돌아온 대답은 이것이었다.

　　신란도 이와 같은 의문을 품었으나, 다만 유엔 또한 같은 심
　　정이었노라.

"나도 너와 같은 의문을 가지고 있었는데, 너 역시 그런 마음이었구나"라는 뜻이다. 즉, "나도 같은 생각을 하고 있었다"라고 상대에게 공

감한 것이다. 더 나아가 신란은 이렇게 말한다.

가슴 설레는 기쁨을 느껴야 할 일에 그 정도의 기쁨을 느끼지 못하니, 오히려 극락왕생이 틀림없다.

여기에서 한 번 더 놀라운 생각이 든다. 보통은 염불을 외는 데에 기쁨을 느끼고, 빨리 극락정토에 가고 싶다고 기원하면서 왕생할 수 있음을 느끼기 마련이다.

하지만 신란은 기뻐할 수 없는 이유는 번뇌 때문이라면서 이렇게 설명한다. 아미타불은 우리가 번뇌에 사로잡힌 어리석은 자들임을 처음부터 알고 있다. 아미타불은 번뇌가 심한 자일수록 불쌍히 여겨 구원해주시니 틀림없이 왕생할 수 있을 것이다. 즉, 우리 같은 인간일수록 더욱 아미타불에 의지할 수밖에 없다. 이것이 유엔이 들은 말이다.

그리고 이것이야말로 정토진종의 주축을 이루는 '타력본원他力本願, 아미타불의 원력에 의지하여 극락에 왕생하는 것' 사상을 설명하는 것이며, 아미타불의 힘으로 극락왕생한다는 '아미타 신앙'의 본질에 가장 가까운 문답이다. 우선은 제자의 말에 공감한 뒤, 가장 중요한 점을 직설적으로 설명한다. 제자를 이런 식으로 대할 줄 아는 신란은 정말 놀랍도록 매력적인 인물이다. 멀리 떨어진 곳에서도 제자들이 신란을 찾아온 이유는 바로 이렇게 사람을 끌어당기는 카리스마가 있었기 때문일 것이다.

● 많은 깨달음을 주는 신란의 '즉문즉설'

그 밖의 문답에서도 신란의 뛰어난 의사소통 능력을 엿볼 수 있다.

또 다른 장면에서 신란은 유엔에게 "유엔은 내 말을 믿느냐?"라고 묻는다. 유엔은 "믿습니다"라고 대답한다. 그러자 신란은 "우선 사람을 천 명 죽여라. 그렇게 하면 확실히 왕생할 수 있다"라고 말한다. 유엔이 그것은 할 수 없다고 대답하니, 신란은 자기 말이라면 무엇이든 믿겠다고 하지 않았느냐고 다그친다. 물론 신란이 이런 말을 한 데는 이유가 있다.

> 내 마음대로 죽일 수 있는 인연이 없기 때문에 단 한 사람도 죽이지 않았을 뿐이다. 내가 마음이 착해서 남을 죽이지 않은 게 아니다.

정토진종에는 아미타불의 본원本願이 죄 많은 사람(스스로의 힘으로는 깨닫지 못하는 사람)을 구제하는 것임을 강조하는 '악인정기惡人正機' 사상이 있다. 하지만 사상이 잘못 전해져 극락왕생을 위해 일부러 죄를 짓는 사람까지 생겨났다. 그런 한편, '착한 사람'만이 구원받을 수 있다고 생각하여, 형식적인 선행에만 힘쓰는 사람도 생겼다.

그러나 신란의 진정한 가르침은 선행이든 악행이든 모두 인연이기 때문에 모든 것을 아미타불에게 맡기고 타력본원에 힘써야 한다는 것

　　　　　　　　　　　　　사장의 문장들

이다. 이를 제자에게 전하기 위해 갑자기 천 명을 죽여보라는 무리한 요구를 했다는 데서도 신란이라는 사람의 매력이 느껴진다.

신란의 말은 현대인에게도 직설적인 깨달음을 준다. 예를 들어 인간 관계가 뜻대로 풀리지 않을 때 "나는 착한 사람인데 이런 일을 당하다니"라며 상대를 원망하거나, "내가 나쁜 사람이기 때문에 이런 생각을 하는 거야"라며 자신을 비난하면 더욱 고통스러워진다. 그럴 때는 "저 사람과는 인연이 없는 것뿐이야"라고 생각하면 마음이 편안해진다.

고민이 있을 때는 『단니쇼』를 펼쳐보자. 신란의 말이 해결의 실마리를 제시해줄 것이다.

콤플렉스는
용기로 극복한다

이런 사람에 대한 적절한 치료는
용기를 주는 것이지 꺾는 것이 아니다.

알프레드 아들러(1870~1937) | 정신과 의사
『개인심리학강의』(아르테)

● **열등감은 누구에게나 있다**

우리는 일상 대화에서 콤플렉스라는 말을 자주 사용한다. 대개 '열등감'이라는 뜻으로 쓰이지만 원래 심리학 용어로는 '심리적 복합체'라고 번역되어 다양한 감정이 복잡하게 얽힌 상태를 가리킨다. 신데렐라 콤플렉스나 오이디푸스 콤플렉스 등 여러 가지가 존재하지만, '콤플렉스가 곧 열등감'이라는 이미지가 정착된 이유는 정신과 의사 알프레드 아들러^{Alfred Adler}가 '열등 콤플렉스'를 유명하게 만들었기 때문이다.

우선 '열등감'과 '열등 콤플렉스'는 다른 개념이다. 아들러는 저서인

『개인심리학강의』에서 이렇게 말한다.

> 열등감은 모든 사람이 가지고 있지만, 이 감각(열등감)이 콤
> 플렉스가 되는 것은 용기가 꺾이고 삶이 쓸모없는 쪽으로
> 끌려가고 있다고 느낄 때뿐이다.

누구나 "나는 남보다 못한 존재가 아닐까?"라는 생각을 할 때가 있다. 예를 들어 머리가 나쁘다, 일머리가 없다, 외모가 뛰어나지 않다 등 마음에 걸리는 부분이 있다면 그것은 '열등감'이라고 부를 수 있다. 그러나 이 감정에 대한 반응은 사람에 따라 두 가지로 나뉜다.

하나는 "극복하자", "열심히 하자", "신경 쓰지 말자"고 생각하며 열등감을 긍정적인 방향으로 이끌어가는 것이다. 또 하나는 남보다 못하다는 점이 너무 신경 쓰여 다른 일을 할 수 없게 되고, 인생의 모든 일이 마이너스인 방향으로 향하는 것이다. 여기에서 후자에 해당하는 것을 아들러는 '열등 콤플렉스'라고 이름 붙였다.

이 두 가지의 갈림길이 있다는 사실을 이해하고 설령 열등감이 있더라도 '부정적인 방향으로 향하면 위험하다'고 의식해야 한다. 이것이 열등 콤플렉스에 빠지지 않기 위한 하나의 해결책이 될 수 있다.

하지만 혼자서는 열등 콤플렉스에서 도저히 벗어나지 못하는 사람도 있다. 여러분의 직장에도 늘 자신감이 없는 모습을 보이거나 무엇

이든 나쁜 쪽으로 생각하는 부하나 동료 직원이 한 명쯤 있을 것이다. 이런 증상을 보이는 사람이 있다면 상사나 동료로서 어떻게 대해야 할까. 여기서 중요한 키워드가 '용기'다.

> 이런 사람에 대한 적절한 치료는 용기를 주는 것이지 꺾는 것이 아니다. 어려움에 부딪혔을 때, 그에게 이 문제를 스스로 해결할 수 있는 능력이 있음을 깨닫게 해주어야 한다. 이것이야말로 자신감을 쌓는 유일한 방법이며, 열등감을 치유하는 유일한 방법이다.

앞에서 열등 콤플렉스를 설명한 문장에도 나왔던 "용기를 꺾고"라는 표현이 여기에서도 쓰이고 있다. 사람은 용기를 잃으면 열등감에 빠져 '나는 무엇을 해도 안 된다'며 자기 자신을 완전히 부정한다. 실제로는 남보다 잘하는 것이나 뛰어난 부분이 있어도 그쪽에는 눈길을 주지 않고 부정적인 면에만 사로잡히게 된다. 그 상태를 치료하는 단 한 가지 방법이 "용기를 북돋아주는 것"이라고 아들러는 잘라 말한다.

- **서로 용기가 되어줄 때 강한 시너지가 생긴다**

용기가 생기면 나의 문제는 스스로 해결할 수 있다는 자신감이 생겨 열등감을 극복할 수 있다.

예를 들어 오사카 나오미^{大坂なおみ}라는 테니스 선수는 원래 사람들 앞에서 말하는 것이 서툴었고, 그 부분에 열등감이 있었던 듯 보였다. 실제로 그녀는 2018년 전미 오픈에서 처음으로 우승했을 때 결코 유창하다고 할 수 없는 소감을 보여주었다. 나오미 본인도 그런 자신의 모습을 부끄러워하는 것 같았다. 그런데 2019년 호주 오픈에서 우승했을 때 그녀의 소감은 누가 봐도 당당하고 자신감이 넘쳤다. 과거의 열등감을 완전히 극복한 느낌이었다.

아마 사람들 앞에서 말할 기회가 늘고 많은 경험을 쌓게 되면서 용기가 생겼고, 다른 사람 앞에서 말할 때 기가 죽는 소심한 문제는 얼마든지 해결할 수 있다는 사실을 이해하고 노력했기 때문일 것이다.

여러분 이런 주변에 열등감의 증상을 보이는 사람이 있다면 일단 그의 용기를 꺾는 말은 절대로 하지 말아야 한다. "그러고도 사회인이냐", "이 일을 지금 몇 년째 하는데, 왜 그래?"라는 식으로 직장 내 괴롭힘 같은 식의 발언은 절대로 하지 말아야 한다.

그래서 나도 대학에서 학생들을 가르칠 때 학생들의 발표나 제출한 과제에 대해서 이 부분은 잘못되었으니 고치라는 식의 표현은 사용하지 않는다. 그 대신 "이 부분이 정말 좋아. 다음에는 여기를 더 신경 써서 준비해봐"라는 식으로 말한다. 그러면 결점을 지적하지 않아도 자연스럽게 수정되어 훨씬 좋은 결과물이 나온다. 지난 10년 정도 나름대로 실험을 거듭한 결과, 이 방식이 학생들을 성장시키는 가장 바람직한 방법이라는 확신을 가지게 되었다.

또, 학생들이 서로 배울 수 있는 장소를 만드는 데에도 신경을 쓰고 있다. 어떤 학생이 좋은 발표를 하면 다 같이 손뼉을 치는 것이 내 강의실에서의 규칙이다. 서로를 칭찬하면서 자연스럽게 '이런 식으로 발표하면 모두 이해하기 쉽겠구나'라고 배울 수 있기 때문에 누구도 용기가 꺾이지 않는다.

평소 서로에게 용기를 주고 열등감 없이 지낼 수 있는 공간을 만들면 참가자들은 실수나 실패를 두려워하지 않고, 마음 놓고 도전할 수 있다. 아들러의 가르침은 밝고 긍정적인 직장 만들기에도 틀림없이 도움이 될 것이다.

지나친 기대가
모든 일을 망친다

"네 마음껏 해보는 게 어때?"

오카모토 가노코(1889~1939) | 작가
『로기쇼』(신초문고)

● 다음 세대의 꿈에 나의 꿈을 싣는 것

나이를 먹을수록 지금까지 쌓아온 것을 계승하고 차세대를 키우고 싶은 마음이 강해진다. 사업가라면 업무를 통해 익힌 지식을 부하 직원이나 후배에게 전하고 싶을 것이다. 많은 운동선수가 아이들에게 봉사활동으로 야구나 검도를 가르치는 것도 같은 이유에서일 것이다.

그런가 하면 오랜 세월 동안 열심히 일해서 모은 돈을 젊은 사람들을 위해 쓰고 싶어 하는 사람도 있다. 내가 학생들을 가르치고 있는 대학도 많은 사람들로부터 기부를 받아, 장학금과 연구비를 학생들에게 지원한다. 이런 재산의 계승도 차세대 육성에 이바지하는 훌륭한 일이다. 이렇듯 연장자가 다음 세대에게 무언가 해주고 싶어 하는 것은 젊은 혈기에 거는 기대와 자신도 함께 꿈꾸고 싶다는 마음 때문이 아닐까.

인생에서 하고 싶은 일을 모두 완수하는 사람은 드물다. 그렇기에 젊은 사람을 응원하고 자신은 하지 못한 것을 대신 달성하는 모습을 보고 싶어 한다. 이것은 인간의 자연스러운 감정일지도 모른다.

1938년에 발표된 오카모토 카노코岡本かの子의 『로기쇼老妓抄』는 한 노파가 자신의 소망을 젊은이에게 맡기는 이야기를 그린 작품으로, 메이지 이후 일본 문학사에 손꼽히는 훌륭한 단편으로 평가받고 있다.

오랜 세월 기생으로 일하며 어느 정도 재산을 모으고, 이제는 마음 내키는 자리에만 나가도 되는 자유를 누리게 된 '늙은 기생'이 집에 드나드는 전기기구 상점의 청년 '유기'를 만나며 이야기는 시작된다.

유기는 쾌활한 청년으로 금세 늙은 기생과도 가벼운 농담을 주고받는 사이가 된다. 어느 날 늙은 기생은 유기의 전기 수리 실력을 두고 이런 농담을 던진다.

"유기 군이 하는 일은 너무 시시한 것 같아. 일주일을 계속 하는 걸 못 봤어"

　　　　　　　　　　　　　　　　　

그러자 유기는 이렇게 대답한다.

"그럴 수밖에요. 이런 시시한 일은 '패션'이 느껴지지 않으니까요."

늙은 기생이 '패션'이 무슨 말이냐고 묻자 유기는 대답한다.

"쉽게 말하면 열정, 그래요, 열정 같은 것이지요. 당신들 세계에 비유한다면 매력이라고 할까요."

그 말을 들은 늙은 기생은 자신의 생애에 대해 연민을 느낀다. 과거에 일했던 여러 기방을 떠올려도 하나같이 열정이라는 것이 생기지 않았고, 그것을 깨닫자 별안간 쓸쓸해진다.

이 부분은 나도 공감된다. 클라이언트의 요구를 최우선으로 맞추어 일하다 보면 마음대로 일할 수가 없고 결국 영혼이 깎여 나가는 듯한 감각에 빠져버린다. 이것이 유기가 말하는 '패션'이 느껴지지 않는 일이며, 여러분도 비슷한 기분을 느낀 적이 있을 것이다. 나는 그런 기분이 드는 것이 싫어서 모든 일에 열정을 가지고 임하고는 있지만, 늙은 기생처럼 현역으로서 역할을 거의 끝낸 후에 '이 일에 열정을 쏟지 못했다'고 깨닫게 된다면 당연히 슬플 것이다.

그러나 늙은 기생은 자신을 불쌍히 여기는 것으로 그치는 여자가 아니었다. 그녀는 유기에게 이렇게 묻는다.

"어떤 일이면 열정이 생길 것 같아?"

유기는 그 물음에 전기 관련 특허를 따서 돈을 벌고 싶다고 대답한다. 그러자 늙은 기생은 그를 부추기며 이런 제안을 한다.

"그렇게 하면 되지. 숙식은 내가 해결해줄게. 네 마음껏 해보는 게 어때?"

이렇게 해서 유기는 늙은 기생이 소유한 집으로 거처를 옮기고 발명에 전념하게 된다. 늙은 기생은 유기가 원하는 대로 집 일부를 작업실로 개조하고 필요한 기계도 사주며 연구에 몰두할 수 있는 환경을 마련해준다. 한평생 열정을 느끼지 못한 채로 살아왔으니 이제는 이 젊은이의 열정에 자신의 꿈을 걸어보고 싶다고 그녀는 생각한 것이다.

● 부담보다 믿음을 주는 윗세대가 되자

유기도 처음에는 이 생활이 행복했다. 하지만 얼마 지나지 않아 의욕을 잃어갔다. 다른 사람 밑에서 일하던 시절에는 발명에만 몰두할 수 있다면 틀림없이 즐거우리라 생각했는데, 막상 그런 생활을 하게 되자 매일이 단조롭고 숨 막히게 느껴졌다. 식물에 물을 너무 많이 주면 뿌리가 썩듯 늙은 기생이 만들어준 환경이 너무 쾌적하고 편하다 보니 역효과가 난 것이다.

그러다 유기는 늙은 기생이 그녀가 이루지 못한 것을 자신에게 대신 이루게 하려는 것임을 깨닫는다. 누군가의 삶을 대신 살아간다니, 무거운 짐을 짊어지게 되었다고 느낀 청년은 틈만 있으면 집에서 뛰쳐나온다. 그리고 그때마다 늙은 기생이 찾아내 다시 데려오는 묘한 관계가 계속된다.

젊은 사람을 잘 육성하면 나도 다시 한번 인생의 열정을 되찾고 마지막으로 한 번 더 꽃을 피울 수 있지 않을까. 이런 늙은 기생의 마음에 공감하는 사람도 많을 것이다. 하지만 실제로 다음 세대를 키워낼 때는 기성세대의 기대가 그들에게 부담이 되는 일만큼은 피해야 한다.

직장에서 젊은 직원을 가르칠 때도 하나부터 열까지 모든 것을 준비해주기보다는 본인이 하고 싶어 하는 일에 자유롭게 도전할 수 있도록 하자. "실패해도 내가 책임질 테니까 걱정하지 말고 마음껏 도전해봐"라고 얘기하며 지켜본다면 상대도 자신감을 얻고 더 크게 성장할 수 있을 것이다.

함께 생각하는 조직이
앞으로 나아간다

공유 비전 없이 학습하는 조직은 결코 구현될 수 없다.

피터 센게(1947~) | 경영학자
『학습하는 조직』(에이지출판)

● **폭발적으로 성장하는 팀을 만드는 다섯 가지 규칙**

어떻게 해야 팀의 능력을 강화할 수 있을까. 이는 현대사회의 어느 조직에서나 가장 중요한 과제다. 과거에는 한 명의 천재만 있으면 팀이 승리를 거둘 수 있었다. 하지만 지금은 한 명의 능력만으로는 승리를 거두기 어렵다.

스포츠를 예로 들면 축구도 과거에는 선수 개인의 기량에 의한 득점이 많았다. 하지만 요즘은 팀의 전략을 선수 전원이 파악하고, 그 전략을 실현하기 위해 각자 맡은 일을 생각하며 움직여야 한다.

직장에서도 마찬가지다. 경영 환경이 복잡해지고 변화가 심한 요즘은 조직의 구성원 하나하나가 어떻게 하면 좋은 결과를 낼 수 있을지 학습하고 집단의식과 능력을 계속 키워나가야 한다. 그러지 않으면 조직은 강해질 수 없다. 이를 주장한 것이 1990년대에 출간된 경영학자 피터 센게^{Peter M. Senge}의 『학습하는 조직』이다.

센게는 '학습하는 조직'에서 중요한 것은 '시스템 사고'라고 말한다. 이것은 세상의 모든 현상을 보이지 않지만 서로 연결된 시스템으로 파악하는 개념으로, 이 사고를 익히면 복잡해진 지금의 환경이나 사회 전체의 패턴을 명확하게 밝힐 수 있다.

센게는 '시스템 사고'에 더하여 '자기 마스터리(자기실현)', '멘탈 모델', '공유 비전', '팀 학습'이라는 총 다섯 가지의 규칙이 필요하다고 말한다. 그중에서도 공유 비전의 중요성에 관해서는 이렇게 밝힌다.

공유 비전 없이 학습하는 조직은 결코 구현될 수 없다. 비전이 가장 중요한 목표를 정한다. 높은 목표를 가지면 그에 걸맞는 새로운 사고방식과 행동 양식을 갖출 수밖에 없다.

예를 들어 고시엔^{甲子園}은 모든 일본 고교 야구 선수들의 공유 비전이다. 다들 고시엔에서 활약하는 자신의 모습을 상상하며 그 꿈을 실현하기 위해 최선을 다해 연습하고 힘들어도 최선을 다해 노력한다.

또한, 그룹에서 함께 배우는 '팀 학습'에 관해서는 대화부터 시작하라고 조언한다. 혼자서는 얻을 수 없는 통찰을 동료와 대화함으로써 발견할 수 있기 때문이다. 여기에서 중요한 것은 나의 생각이나 선입견을 우선 한 번 내려놓는 것, 논의를 정리해줄 진행자를 두는 것이다.

진행자가 각자의 의견을 화이트보드에 쓰면 의견과 관계성을 쉽게 정리할 수 있고, 논리적이면서 합리적인 의사결정을 내릴 수 있다. 일대일 대화에서도 두 사람 사이에 백지를 두고 "이런 말씀이지요?"라는 식으로 글을 써서 정리해가며 이야기하도록 하자. 시스템 사고를 단련하는 좋은 훈련이 된다.

생각보다
생각하는 법을 가르쳐라

● 전 세대의 경험은 새로운 세대에 통하지 않는다

어느 조직이나 다음 세대의 육성은 늘 어려운 과제다. 시대는 끊임없이 변하기 때문에 과거에 성공을 거둔 방식을 부하에게 가르쳐도 그들 세대에서는 통하지 않기 일쑤다. 또, 세대가 바뀌면 가치관도 달라지기 때문에 다음 세대가 예전 방식을 순순히 받아들이지 않을 수도 있다. 그러다 보니 "어떻게 해야 우리가 쌓아온 경험과 기술을 다음 세대에 물려줄 수 있을까?" 하고 고민하는 사람이 많은 것이다.

변화가 적은 시대라면 일이든 사업이든 세대 간 계승이 비교적 어렵지 않다. 일본의 경우 260년 이상 도쿠가와 막부의 지배 체제가 이어진 에도 시대에는 부모의 직업을 자식이 그대로 물려받는 것이 일반적이었다. 대장장이의 자식은 대장장이가 되고, 농부의 자식은 농부가 되는 식이다. 안정된 시대에는 세대 간 가치관의 차이도 생기지 않았기 때문에 자식도 부모의 뒤를 잇는 데에 의문을 품지 않았다.

그런 시대가 단번에 무너진 것이 에도 시대 말기부터 메이지 시대에 걸친 격동기다. 이 시기를 배경으로 자식이 가업을 잇는 것이 얼마나 어려운 일인지를 그린 작품이 시마자키 도손島崎藤村의『새벽 전』이다.

기소지는 모두 산속에 있다.

이 유명한 문장으로 시작하는『새벽 전』은 기소지木曽路에 설치된 열한 개의 숙박 마을 중 나카쓰가와시(현재 기후현)에 위치한 마고메주쿠를 주요 무대로 삼는다. 기소지는 나가노현과 기후현 사이를 남북으로 잇는 옛길로, 에도 시대에는 많은 사람과 물자가 오가던 주요 통로였다.

주인공 '아오야마 한조'는 바로 이 기소지에서 혼진本陣, 다이묘나 막부의 관리 등이 이용하는 숙소을 운영하는 아버지 '기치자에몬'의 후계자로 자랐다. 기치자에몬은 혼진의 당주로서 매우 유능한 인물이다. 다이묘의 참근교대参勤交代, 에도 막부가 다이묘들을 일정 기간 동안 교대로 에도에 머무르게 한 제도나 관혼상제에 따른 큰 이동이 있으면, 많을 때는 1000명 이상의 손님을 받아 숙박 준비

　　　　　　　　　　　　　　　　　　　사장의 문장들

와 조정을 완벽하게 해내곤 했다.

그러나 아들 한조는 아버지와는 전혀 다른 특성을 가지고 있었다. 그가 열정을 보인 것은 가업이 아니라 국학이었다. 일본의 옛 정신을 이어받아야 한다는 가르침에 빠져 있던 한조는 서양의 선박이 들어와 개항을 요구한다는 소문을 듣고 이렇게 중얼거린다.

"이런 산속에만 갇혀 있다가는 정신이 이상해질 것 같아. 전부 한가한 이야기나 하고……. 지금은 그럴 때가 아냐."

그 후 에도로 간 한조는 아쓰타네의 문하로 들어가 왕정복고를 목표로 삼는 정치 운동에 참여하려 한다. 하지만 결국은 가업을 잇기 위해 고향으로 돌아오고, 일과 학문 사이에서 갈등을 겪게 된다.

아버지 기치자에몬에게 그런 아들은 늘 걱정거리였다. 머리가 좋고 성실하며 인품도 훌륭한 한조는 분명 자랑스러워야 할 아들이었다. 하지만 두 부자는 삶에서 소중히 여기는 것에 관한 가치관과 일에 대한 적성이 결정적으로 달랐다.

"서투르게 태어난 건 그 아이의 타고난 성정이니 어쩔 수 없다손 치더라도, 조금이나마 살림과 경제 감각을 더 물려 주었더라면 좋았을 텐데."

아버지로서는 학문보다 경제력을 갖춰 주길 바라는 마음이 느껴지는 대사다. 하지만 자식은 반드시 부모가 원하는 대로 자라지 않는 것이 세상의 이치다. 기치자에몬도 그 사실을 이해하고 있었다. "학문에만 집중해서 재산을 탕진하더라도 그것은 사람마다 제각각 타고난 성질 같은 거야"라고 중얼거리면서 이렇게 말을 잇는다.

> "그러니까 이 녀석만큼은 어찌해볼 도리가 없어. 내가 보기에 인간의 일이라는 건 한 세대로 끝나는 법이거든. 부모가 '나의 경험을 자식에게도 물려주고 싶다'라고 한들, 그걸 제대로 물려받을 자식이 어디 있겠느냔 말이야."

● **다음 세대를 향한 응원이 필요한 이유**

기치자에몬도 부모에게서 가업을 물려받은 사람으로, 혼진 경영이라는 일 자체는 바뀌지 않아도 시대가 변하면 다시 처음부터 경험과 기술을 쌓아갈 수밖에 없다는 사실을 체감했을 것이다. 다음 대사가 기치자에몬의 그런 마음을 대변해준다.

> "한조는 한조 나름대로 새로운 씨를 뿌려야 하는 거야."

게다가 한조는 애시당초 이런 일에 소질이 없었을 뿐만 아니라, 큰 변화의 물결이 밀려온 시기에 가업을 이었으니 상황적으로도 어려웠다. 그러니 아버지가 "정말 힘든 시기에 가업을 물려받았으니 감당하기 쉽지 않을 거야"라며 동정하는 것도 무리는 아니다.

그 후 대정봉환^{大政奉還, 1867년에 에도 막부가 국가 통치권을 메이지 천황에게 돌려준 사건}을 통해 왕정복고가 실현되었지만, 개국으로 의해 서양 문화가 유입되기 시작했다. 그러면서 시대는 한조가 기대했던 것과는 전혀 다른 방향으로 변화한다. 이상과 현실의 괴리로 계속 괴로워하던 한조는 결국 정신이 붕괴하고, 이야기 후반에는 안타깝고 슬픈 전개가 그려진다.

이 작품에서 배울 수 있는 것은 세대 간 시대 변화의 폭과 개성의 차이가 클수록 다음 세대를 키우고 기술을 전승하는 일이 그만큼 어려워진다는 점이다. 성장세만을 보이던 시절의 성공 경험 그대로 현시대의 젊은 세대에게 강요해봐야 잘될 리 없고, 위 세대가 쌓아온 경험과 노하우를 있는 그대로 아래 세대에 물려주려는 것은 애초에 무리다.

작품에서 한조의 어머니 '오망'은 이런 말을 한다.

"젊은 사람들의 좋은 점은 앞을 내다볼 수 없다는 거지."

시대에 맞는 방식을 모색하는 젊은이들을 따뜻한 눈길로 지켜보는 정도의 자세를 취하는 편이 결과적으로 다음 세대가 마음껏 자라날 수 있도록 돕는 방법이 아닐까.

일류의 조건

지나치게 날카로우면
원한을 낳는다

좋은 세공사는 조금 무딘 칼을 쓴다 하였느니라.

요시다 겐코(1283?~1352?) | 법사, 시인, 수필가
『**쓰레즈레구사**』(카도카와소피아문고)

● 논리와 재능이 항상 정답은 아니다

능력은 좋은데, 왠지 일이나 인간관계가 잘 풀리지 않는 사람이 있다. 어쩌면 능력을 지나치게 사용하고 있기 때문일지도 모른다. 물론 능력이 있는 것은 좋은 일이지만, 그 능력을 어떻게 사용할지가 더욱 중요하다.

그런 생각이 들게 만드는 명언이 법사 요시다 겐코吉田兼好, 본명은 우라베노 가네요시의 『쓰레즈레구사徒然草』에 있다.

좋은 세공사는 조금 무딘 칼을 쓴다 하였느니라. 묘칸이 쓰던 칼 또한 그리 사납게 서지 아니하였다.

여기서 '좋은 세공사'는 손재주가 뛰어난 장인을 가리키고, '묘칸^{妙観}'은 14세기경 일본에서 활약한 초월적인 불상 조각가를 가리킨다. 따라서 이 문장은 "솜씨 좋은 장인은 예리한 칼을 쓰지 않는다. 묘칸 같은 위대한 장인 역시 잘 들지 않는 칼을 사용했다"라는 의미다.

이것을 현대의 직장인들에게 적용한다면 너무 예리한 감각이나 지나치게 독창적인 아이디어를 가진 사람은 일부러 약간 둔한 척 행동해야 주변 사람들과 잘 어울릴 수 있다는 뜻이다. "그러면 제대로 된 일을 할 수 없지 않나?"라고 생각할지도 모르지만, 실제로 지나치게 예리한 능력은 오히려 독이 되는 경우도 많다.

예를 들어 논리력이 뛰어난 사람은 회의에서도 상대를 논리로 몰아붙이는 경향이 있다. 하지만 논리라는 날카로운 칼로 상대를 마구 베어봤자 좋은 일은 생기지 않는다. 주변에 있는 사람은 공격해야 할 적이 아니라 함께 일하는 동료이니 일부러라도 칼날을 조금 무디게 만들어야 한다. "저도 이 부분은 판단을 내리기가 어려운데, 어떻게 생각하세요?"라고 상대를 존중하면서 회의를 이끌어가는 편이 낫다.

예술계에서도 가수 후세 아키라^{布施明}가 "가수를 단순히 노래를 잘하고 못하는 것으로 판단해서는 안 됩니다"라고 말하기도 했다. 뛰어난

가창력이 있다고 해서 무조건 좋은 것이 아니라 실력을 초월해서 듣는 사람의 마음을 떨리게 하는 감동을 줄 수 있어야 진짜 가수라는 뜻이다. 오히려 "나 노래 잘하지?"라며 예리한 칼을 과시하는 유형은 청중에게 사랑받지 못한다.

나의 제자이기도 한 TBS의 아나운서 아즈미 신이치로^{安住紳一郎}도 원고를 일부러 술술 읽지 않고 천천히 틈을 두면서 읽는다. 나는 그가 발음이 매우 정확하고, 더 빠른 속도로 읽을 수 있는 사람이라는 사실을 알고 있기 때문에 왜 그런 식으로 읽느냐고 물어본 적이 있다. 그러자 그는 "지나치게 유창한 말은 듣는 이의 마음에 머무르지 않고 그대로 스쳐 지나가 버립니다. 그래서 시청자의 귀에 머무를 수 있도록 일부러 그렇게 읽고 있습니다"라고 대답했다. 그 말을 듣고 감탄하지 않을 수 없었다. 이것이야말로 '무딘 칼'을 능숙하게 다루는 좋은 예다.

때로는 예리한 칼을 숨길 줄 알아야 진정한 프로다. 요시다 겐코가 남긴 짧은 한 줄이 그렇게 가르쳐주고 있다.

훌륭한 리더는
압도적인 성과가 만든다

성과를 내는 사람들의 공통점은
결국 성과를 냈다는 사실뿐이다.

피터 드러커(1909~2005) | **경영학자**
『**경영자의 조건**』(다이아몬드사)

● '경영의 신' 피터 드러커의 다섯 가지 성공 전략

'리더십이 있는 사람'이라는 말을 들으면 어떤 유형이 떠오를까? 일반적으로 적극적이고 존재감이 있으며 통솔력이 뛰어나 다른 사람들을 이끄는 이미지를 많이 떠올릴 듯하다. 그러다 보면 나는 리더형이 아닌 것 같다는 생각에 자신감을 잃기도 할 것이다.

그러나 '경영의 신'으로 불리는 피터 드러커^{Peter Drucker}는 저서 『경영자의 조건』에서 이런 전형적인 리더를 정면으로 부정한다.

나는 '성과를 내는 유형' 같은 것은 존재하지 않는다는 사실을 꽤 오래전에 깨달았다.

그렇게 말하면서 일에서 성과를 내는 사람의 기질과 능력, 성격, 행동 등은 천차만별이라고 말한다. 성공하는 사람의 유형을 조사해보면 외향적인 사람도 있고 내성적인 사람도 있다. 소심한 사람도 있고 대범한 사람도 있다. 따뜻한 사람도 있고 차가운 사람도 있다. 모두 저마다의 개성을 가진 사람들로, 하나의 유형으로 묶을 수 없고 전부 제각각이라고 드러커는 지적했다. 그 다음 이런 결론을 내린다.

성과를 내는 사람들의 공통점은 결국 성과를 냈다는 사실뿐이다.

당연한 말이라고 생각할지 모른다. 하지만 이는 곧 성과를 낸다는 그 자체 말고는 아무런 공통점이 없다는 사실을 뒤집어 말한 것이기도 하다. 그렇기 때문에 "일에서 성공하는 사람은 이런 유형이다"라고 단정 짓고, 그 유형을 목표로 삼아 따라가는 것은 잘못되었다는 뜻이다.

드러커는 "성과를 내는 것은 하나의 습관이다"라고 말한다. 습관은 타고난 자질과 상관없이 반복하면 습득할 수 있는 실천적 능력이다. 그리고 익혀야 할 습관으로 다음과 같은 다섯 가지를 꼽는다.

1. 무엇에 내 시간이 쓰이는지 파악하고, 한정된 시간을 체계적으로 관리할 것

2. 내부 사정보다 바깥 세계에 대한 '기여'에 초점을 맞추어 "기대되는 성과는 무엇인가"에서부터 출발할 것

3. 약점이 아니라 강점을 토대로 할 것 (할 수 없는 일부터 손대지 않는다)

4. 우선순위를 정해 가장 먼저 해야 할 일을 하고, 두 번째로 미룬 일은 과감히 하지 않을 것

5. 성과를 내는 방향으로 의사결정을 할 것

이 다섯 가지 습관만 몸에 익으면 누구나 성과를 거둘 수 있다. 그렇게 생각하면 제법 밝은 희망이 보인다. 스스로 리더에 적합한지 아닌지 생각하며 불안해하지 말고, 일단 이 다섯 가지 습관이 몸에 배었는지 스스로 점검해보자. 부족한 부분이 무엇인지 의식하기만 해도 누구나 성과를 내는 리더에 한 걸음 더 다가갈 수 있다.

정직한 연습만이
최고의 결과를 만든다

'기분 좋은 연습'이 곧 '강해지는 연습'은 아니다.

미즈타니 준(1989~) | 탁구 선수
『패배하는 사람은 쓸데없는 연습을 한다』(탁구왕국)

● 성과를 만들기 위해서는 올바르게 노력해야 한다

2021년 도쿄 올림픽에서 일본은 역사상 가장 많은 27개의 금메달을 획득했다. 그중에서도 내가 감동한 것은 탁구 혼합 복식에서 미즈타니 준水谷隼과 이토 미마伊藤美誠가 우승한 것이다. 일본 탁구 선수가 올림픽에서 금메달을 딴 것은 사상 최초였다. 그리고 2016년에 출판된 미즈타니의 저서 『패배하는 사람은 쓸데없는 연습을 한다』는 그야말로 '금쪽같은 명언'의 보물 창고다.

일단 제목부터 눈길을 끈다. 시합에서 이기지 못하는 사람의 문제가 무엇인지 이렇게까지 확실하게 단언할 수 있는 사람은 흔치 않을 것이다. 역시 전일본선수권 대회 남자 단식에서 전인미답의 10회 우승을 자랑하는 전설의 챔피언답다.

이 책에서 미즈타니는 어떻게 승자의 정신력을 만들어왔는지를 밝힌다. 제목에도 나와 있는 '쓸데없는 연습'과 '시합에서 활용할 수 있는 연습'의 차이를 설명한 장에는 인상적인 말이 실려 있다.

기분 좋은 연습이 곧 강해지는 연습은 아니다. 연습에서는 인내심을 기를 것이 아니라 효과를 추구해야 한다.

미즈타니에 의하면 일본 선수들은 상대를 상당히 배려하며 훈련한다고 한다. 그 이유는 실수를 두려워하게 만드는 연습이 많기 때문이다. 예를 들어 랠리를 100번 이어갈 때까지 치고받는 연습에서는 어느 한 선수가 실수하면 처음부터 다시 시작해야 한다. 그래서 서로 상대가 치기 쉬운 공만 보내게 된다. 치기 쉬운 공만 날아오니 선수들은 편하게 연습할 수 있을지도 모른다. 하지만 이런 연습을 통해서는 강해질 수 없다.

끊임없이 긴 랠리를 이어가게 만드는 식의 인내심을 요구하는 연습은 그저 열심히 하고 있다는 느낌만 든다. 결국 '연습을 위한 연습'이 되고 만다. 이런 연습은 시간 낭비일 뿐이라서 설령 100시간을 훈련한다고 해도 선수는 성장하지 못한다. 미즈타니는 그러면서 "코치와 선수들은 가장 먼저 어떻게 하면 최고의 연습 효과를 만들 수 있을지 고민해야 한다"고 말한다.

미즈타니가 말하는 효과가 좋은 연습은 어떤 것일까. 바로 경기를 가정한 실전에 가까운 연습이다. 실제 시합에서는 상대가 치기 쉬운 공을 보내는 일은 없다. 시합의 수준이 올라갈수록 상대는 예측과 다른 공을 보낸다. 그렇기에 평소에도 '예측할 수 없는 연습'을 해야 한다고 미즈타니는 강조한다.

> '예측할 수 없는 연습'이란 말 그대로 '자신이 예측할 수 없는 상황을 연습으로 만들어내는 것'이다. 어떤 코스로 날아올지 알 수 없는 상황을 미리 만들고, 그 공에 순간적으로 반응하는 연습을 반복하다 보면 자기도 모르는 사이에 예측 능력도 높아진다.

일본에서는 공을 보낼 코스를 미리 정해놓고 연습하는 경우가 많다. 그런 식으로는 예측하는 힘을 기를 수 없다. 중요한 것은 예측과 다른 공이 날아올 때 상대가 자신의 공에 어떻게 반응했는지 주의 깊게 관찰하고, 그것을 머릿속에 입력하는 것이다. 그 데이터가 쌓이면서 예측 능력이 향상된다고 미즈타니는 말한다.

● 예측할 수 없는 상황을 스스로 만든다

이것은 스포츠 선수뿐 아니라 현대사회를 사는 사람이라면 누구나 참고할 만한 사고방식이다. 2019년 말부터 시작된 코로나 사태는 그야말로 아무도 예측할 수 없는 사건이었다. 경제와 비즈니스에도 다양한 영향을 끼쳤고, 어려운 상황에 몰리는 기업이 속출했다.

하지만 같은 악조건 속에서도 실적을 올린 사례가 있다. 업계 전체의 피해가 컸던 외식 산업을 예로 들어보자. 긴 시간 동안 곤경에서 빠져나오지 못한 기업이 있는가 하면, 환경 변화에 재빨리 대응하여 실적을 회복한 기업도 있다.

예상치 못한 사건이 발생했을 때 "이건 전혀 예상하지 못했어"라고 포기하는 사람이 있다. 하지만 평소에도 예상치 못한 상황에 대비할 수 있도록 예측할 수 없는 연습을 쌓아두었다가 중요한 순간에 놀라울 정도의 강인함을 발휘해 성공을 거두는 사람도 있다. 코로나 사태에서는 그 엄청난 차이가 드러난 것이다.

일반인들도 예측할 수 없는 연습을 할 수 있다. 미즈타니가 말하는 '예측할 수 없는 상황'을 의식적으로 만들어내면 된다. 예를 들어 식사할 때 언제 봐도 늘 손님이 없는 이상한 음식점에 굳이 들어가보는 것이다. 상상했던 것 이상으로 맛이 없다는 느낌을 받을 수도 있고 예상 외로 맛있어서 깜짝 놀라는 느낌을 받을 수도 있다. 어느 쪽이든 예상 밖의 경험을 할 수 있다.

또는 예상 밖의 주문이 들어와도 거절하지 않는다고 결심해보는 것도 좋은 방법이다. 자신 없는 일을 부탁받아도 거절하지 않고 받아들인다. 그렇게 직접 해보니 의외로 공부가 된다거나 생각보다 잘 풀렸다는 식으로 새로운 데이터를 쌓는다. 그러다 보면 예측할 수 없는 상황에 직면해도 당황하지 않고 대처할 수 있는 강인함이 길러진다.

특히 나이가 들면 일상에서 벌어지는 대부분의 일이 예상 범위 안에 들어가게 되어 똑같은 매일매일을 반복하기 쉽다. 하지만 그렇게 되면 사람으로서의 성장도 멈춰버린다. 80퍼센트는 루틴대로 행동한다고 해도, 20퍼센트는 스스로 예측할 수 없는 상황을 만들기 위해 노력해보자. 그렇게 예상치 못한 상황에 대처하는 능력을 기를 수 있다.

천 마디 말보다
한 번의 침묵이 낫다

말로 다할 수 없는 것에 대해서는 침묵해야만 한다.

루드비히 비트겐슈타인(1889~1951) | **철학자**
『논리철학논고』(이와나미문고)

● 사람은 왜 실언을 할까

최근에는 정치인이나 유명인의 실언이 큰 문제로까지 번지는 경우가 늘고 있다. 평범한 직장인도 쓸데없는 말 한마디 때문에 위태로운 상황에 놓일 수 있다.

사람들은 왜 실언을 할까? 본인의 잘못된 인식이나 고루한 사고방식 때문일지도 모른다. 일본의 전 내각총리대신 모리 요시로森喜朗는 한때 "여성들이 많이 참석하는 회의는 시간이 오래 걸린다"는 실언을 한 적이 있다. 회의가 길어지는 문제가 정말 여성에게만 해당되는지 생각해보면 그렇지 않다. 남성에게도 당연히 해당된다.

성별뿐만이 아니다. 말을 잘하는 사람은 웅변이 길어져 이야기가 장황해지고, 반대로 말을 못 하는 사람도 이야기를 길게 끌어 시간이 오래 걸린다. 고령자 중에는 천천히 말하는 사람이 많은 데다가, 아이는 떠오르는 대로 전부 말하기 때문에 역시 이야기가 길어지곤 한다.

이렇게 "○○가 참석하는 회의는 시간이 오래 걸린다"라는 말은 그 주어를 여성이 아닌 다른 존재로 바꿔도 적용된다. 결국 '사람에 따라' 다르다. 즉, 이 발언을 한 사람의 인식이 분명히 잘못되어 있는 것이다.

인식이 잘못되면 그 사람의 입에서 나오는 말은 세간의 인식과 어긋나게 된다. 따라서 우선 인식을 바로 잡아야 할 필요가 있지만, 그러려면 시간이 걸린다. 잘못된 인식으로 발언하는 사람은 결국 그 시간 동안 실언의 실언을 거듭하게 된다.

그렇다면 "내 인식이 낡았구나", "이 분야에 대한 인식이 부족한 건지도 모르겠다"라는 느낌이 들 때는 어떻게 하면 좋을까. 여기에 하나의 해답을 제시해주는 말이 있다.

말로 다할 수 없는 것에 대해서는 침묵해야만 한다.

이것은 20세기를 대표하는 철학자 루트비히 비트겐슈타인Ludwig Wittgenstein의 저작 『논리철학논고』의 마지막을 장식하는 문장이다. 요컨대 자신이 잘 모르는 일은 침묵하라는 뜻이다. 확실히 입을 열지 않으면 실언할 일도 없으니 이보다 더 효과적인 예방책은 없다.

이 책에서 비트겐슈타인은 이렇게 말한다.

> 철학의 목적은 사고를 논리적으로 명료하게 만드는 것이다. 철학은 사유할 수 있는 것을 경계 짓고, 그 경계에 근거하여 사유할 수 없는 것을 경계 지어야 한다.

생각이라는 것은 그대로 두면 불투명하고 어렴풋할 뿐이다. 따라서 그것을 분명하게 만들고, '여기까지는 생각할 수 있지만, 여기부터는 생각할 수 없는 경계선'을 긋는 것이 철학의 목적이다. 그렇게 설명한 뒤, 그는 다음과 같이 이어간다.

> 일단 생각해볼 수 있는 것은 모두 명료하게 생각될 수 있다. 말로 표현할 수 있는 것은 모두 명료하게 말해질 수 있다.

즉, 사고와 마찬가지로 말에도 '여기까지는 말로 표현할 수 있지만, 여기부터는 말로 표현할 수 없는 경계선'이 있다. 따라서 명료하게 말할 수 없는 것은 침묵해야 한다고 결론짓는다.

● 발언의 가치를 늘 먼저 생각한다

비트겐슈타인은 언어란 세계를 투영하여 옮기는 것이라고 생각했다. 그래서 언어를 분석함으로써 명제로서 대답할 만한 가치가 있는지를 밝히려 했다.

앞서 언급한 모리 전 총리의 실언을 예로 들어보자. 그의 발언은 '여성'을 다른 말로 대체해도 성립해버린다. 그러므로 "여성들이 많이 참석하는 회의는 시간이 오래 걸린다"는 말은 명료한 표현이 아니다. 따라서 이것은 의미 없는 명제다.

또, "A씨는 남자다운 성격이다"라는 명제가 있다고 가정해보자. 이때 '남자다운 성격'을 과연 명료하게 말로 풀어낼 수 있을지 생각해봐야 한다. 실제로 남성 중에서도 기가 센 사람이 있는가 하면 기가 약한 사람도 있다. 눈에 띄기 좋아하는 사람도 있고 매사 움츠러드는 사람도 있다.

이렇게 생각하다 보면 결국 '여기서부터 여기까지가 남성적인 성격'이라고 말할 수 있는 기준은 존재하지 않음을 깨닫는다. 그렇다면 "A씨는 남자다운 성격이다"라는 말은 애당초 성립하지 않는 이야기이니 이 문제에 관해서는 차라리 침묵을 지키는 편이 낫다.

무슨 말을 하기 전에 "이 말은 하나의 명제로서 의미가 있는가?"를 스스로 되묻고 언어를 분석해야 한다. 이렇게만 해도 대부분의 실언은 미리 피할 수 있다.

“그렇게까지 신경을 쓴다면 아무 말도 못 하게 되는 것 아니야?”라고 걱정하는 사람도 있을 것이다. 확실히 언어에 대한 규제가 지나치면 이번에는 언어 탄압으로 이어질 가능성도 있기 때문에 주의해야 한다. 한편, 사회 전체적으로 인권 의식이 높아지는 단계에서는 모두가 이 말은 부적절하다는 의식을 공유하는 과정이 꼭 필요하다.

또, ‘침묵한다’는 결코 ‘방관한다’는 뜻이 아니다. 내 인식이 잘못되었을지도 모른다고 깨달았다면 오히려 그 주제에 관심을 기울여 세상의 보편적 인식을 이해하고 적극적으로 배우려는 태도가 중요하다.

실언으로 자기 자신을 망치지 않으려면 비트겐슈타인의 명언을 표어처럼 마음속에 간직해두기를 바란다.

결단하는 자가
세상을 움직인다

추종자는 바라기만 하고, 지도자는 결단한다.

리처드 닉슨(1913~1994) | 제37대 미국 대통령
『지도자들』(문예춘추라이브러리)

● 역사의 거물들에게서 배우는 지도자의 자격

위기 상황일 때에는 평상시보다 리더의 지도력이 더욱 중요해진다. 예를 들어 이번 러시아의 우크라이나 침공에 관하여 각국의 정상들이 각각의 방식으로 대응하는 모습을 보면서 '리더는 어떤 사람이어야 하는지' 곱씹어보게 된 사람들이 많을 것이다.

이 주제에 대해 정치인의 관점으로 분석한 평론이 있는데, 미국의 제37대 대통령 리처드 닉슨^{Richard Nixon}의 『지도자들』이다. 이 책은 닉슨이 실제로 함께 일했던 20세기를 대표하는 권력자들을 다룬다. 그러면서 "지도자의 자격은 무엇인가?"라는 물음을 던진다. 등장하는 인물은 윈스턴 처칠Winston Churchill, 샤를 드골Charles de Gaulle, 더글러스 맥아더Douglas MacArthur, 요시다 시게루吉田茂, 콘라트 아데나워Konrad Adenauer, 니키타 흐루쇼프Nikita Khrushchev, 저우언라이周恩来 등 그야말로 제2차 세계대전 이후 전 세계를 이끈 거물들뿐이다.

닉슨은 워터게이트 사건으로 실각한 탓에 비리 정치인 이미지가 강해 정치인으로서 평가나 인기는 그리 높지 않다. 하지만 베트남 전쟁의 완전 철수나 중국과의 국교 정상화 등 큰 업적을 남긴 지도자 중 한 명임은 분명하다. 세계의 지도자들에 대한 비판에서도 그의 지적 능력이 드러나는 표현이 있다.

> 내가 만난 진정한 의미의 강한 지도자는 모두 하나같이 매우 총명하고 자기 자신을 엄격하게 대했다. 근면하고 넘치는 자신감을 지니고 꿈에 이끌려 살아가면서도 다른 이들까지 이끌어가는 사람들이었다. 그들은 모두 지평선 너머의 미래를 볼 줄 아는 이들이었다.

이것은 지도자의 위대함에 대해 닉슨이 쓴 문장이다. 이 뒤로도 리더의 본질을 꿰뚫은 인상적인 문장이 이어지기 때문에 직장에서 경영자나 관리직 등 리더를 맡은 사람들에게 좋은 참고 자료가 될 것이다.

  사장의 문장들

닉슨은 위대한 지도자의 조건에 대해서는 다음과 같이 말한다.

무엇보다도 결단력이 필요하다. 어느 길로 갈지 냉정하고 침착하게 분석해야 하는 것은 당연하고, 그 분석을 바탕으로 실제 행동까지 이어져야 한다.

지도자에게는 통찰력과 선견지명이 있어야 하며 운도 필요하다. 그러나 그 이상으로 요구되는 것이 결단력이라고 닉슨은 결론짓는다. 분석력만으로는 부족하고, 리더가 무엇을 할지 결단을 내리고 실제로 행동하지 않으면 의미가 없다는 것이다.

결단하려면 먼저 결의가 필요하다. 닉슨은 "위인들은 위대해지리라 결심하는 그 의지력으로 위대해진다"라는 드골의 말을 인용하며 리더에게 결의가 얼마나 중요한지를 역설한다. 그러면서 크게 성공하는 사람을 다음과 같이 표현한다.

강한 의지를 지녔으며 다른 사람의 의지를 움직이는 방법도 알고 있다.

그러면서 위대한 지도자들과 보통 사람의 차이를 설명한다.

추종자는 바라기만 하고, 지도자는 결단한다.

즉, 지도자가 강한 의지를 가지고 '하겠다'고 결심했기 때문에 주변 사람들도 그를 따라 움직이기 시작한다. '할 수 있으면 좋겠다'는 바람밖에 없는 사람은 리더의 자격이 없다는 의미이기도 하다.

사람은 결의가 있어야 움직이기 때문에 결단을 내리는 리더만이 자신이 내린 결단을 행동으로 옮길 수 있고, 모든 일을 신속하게 실행할 수 있다. 무슨 일을 해도 대응이 늦고 속도가 느리다는 비판을 받는 지도자는 닉슨의 표현으로 '결단력이 부족한' 지도자다.

● 일본인도 잘 모르는 일본의 지도자

이 책에는 닉슨이 국제 정치의 세계에서 직접 보고 들은 상세한 에피소드도 가득 실려 있어 전쟁 이후의 시대를 돌아보는 역사서로서도 흥미롭게 읽을 수 있다. 그중에서도 꼭 읽어보길 권하는 장은 「맥아더와 요시다 시게루」라는 장이다. 닉슨은 두 사람에 대해 이렇게 기록하고 있다.

(맥아더와 요시다) 두 사람 사이에 강력한 파트너십이 있었기 때문에 오늘날 일본은 자유로운 국가가 되었다.

연합군 최고사령관 맥아더와 일본 총리 요시다가 이렇게 친밀한 관계를 구축하고 있었다는 사실을 아는 사람은 거의 없다. 닉슨은 이 책에서 두 사람이 정치가로서 어떤 인식을 공유하고, 어떻게 그 위에서 서로 공감하며 전후 일본의 부흥을 이뤄갔는지 자세히 설명한다.

더 나아가 닉슨도 요시다를 매우 높이 평가하고 있다는 점 역시 놀랍다. 부통령 시절부터 요시다와 공적, 사적 교류를 가졌던 닉슨은 정치가로서 요시다라는 인물을 다음과 같이 설명할 정도다.

> 요시다는 전후 세계의 '칭송받아야 할 영웅' 중 한 명이다. (중략) 요시다는 자신을 희생할 줄 아는 진정한 애국자이며 전후 세계에 우뚝 선 거인이었다.

처칠이나 드골 같은 이름은 중학생도 알고 있는데, 그들과 어깨를 나란히 하는 요시다에 관해서는 대다수가 모른다고 닉슨은 탄식한다. 이는 미국을 포함한 해외 인지도를 두고 한 말이지만, 현재 일본에서도 요시다 시게루가 이 정도로 세계적 지도자였다는 것을 아는 사람은 많지 않을 것이다.

여러분도 부디 이 책을 통해 역사에 이름을 남긴 지도자들의 모습을 접하고 위대한 리더는 어떤 존재여야 하는지를 생각해보는 계기로 삼길 바란다.

유연하게 바뀌는 조직이
오래 살아남는다

이제 선왕의 정사로써 오늘날 세상 백성을 다스리고자 함은,
모두가 한결같이 그루터기만 지키던 무리와 같도다.

한비(기원전 280?~기원전 233) | 사상가
『한비자』(카도카와소피아문고)

● 어제의 실수로 오늘의 규칙을 다시 쓰다

인간은 따뜻한 사랑과 선한 마음으로 살아가는 존재이며 '인의예지충신효제'의 덕을 갖추어야 한다. 개개인이 자기 자신을 다스릴 줄 알면 국가도 안정된다. 기원전 중국에는 이런 이상을 내세운 학파가 있었다. 바로 제자백가의 하나인 유가儒家의 학자들이다.

유가 사상은 이른바 성선설에 입각한 사상이다. 정말로 누구나 선한 사람이 될 수 있다면 이 세상에 나쁜 일 따위는 하나도 일어나지 않을 것이다. 그러나 안타깝게도 현실이 그렇게 녹록치만은 않다. 따라서 국가의 안정을 추구한다면 사랑이나 도덕에만 의존해서는 안 된다고 주장한 것이 법가法家라고 불리는 학파였다.

개개인이 마음속으로 좋고 나쁨을 판단해서는 국가라는 거대한 존재를 통제할 수 없다. 그래서 법가의 학자들은 엄격한 법으로 나라를 다스려야 한다고 생각했다. 현재 선진국 대부분이 법치국가라는 사실을 고려하면, 법가 사상은 인간의 핵심을 찔렀을 뿐만 아니라 인간을 가장 잘 이해하는 사상이라고 할 수 있다.

법가 사상의 집대성이라고 할 수 있는 책이 춘추전국시대 말기에 활약한 한비韓非의 저서 『한비자』다. 지금으로부터 2000년도 더 전에 쓰인 책이라 나와는 먼 이야기라고 느낄지도 모른다. 하지만 법가 사상은 국가뿐 아니라 모든 조직의 통치에 응용할 수 있는 사고방식이다. 현대사회의 리더가 조직을 관리할 때도 참고가 되는 부분이 많다.

예를 들어 부하가 실수했을 때 "너는 도덕심이 없어서 이렇게 실수하는 거야. '인'이나 '예'의 마음만 있었어도 고객을 실수 없이 응대했을 거야"라는 식으로 유가스럽게 훈계해봐야 성가신 상사라고 여겨질 뿐이다. 요즘은 상대방의 내면에 함부로 파고들어 마음이나 감정에 호소하려 들면 도리어 일이 더 까다롭고 골치 아파지기 마련이다.

그렇다면 부하의 실수에 어떻게 대응해야 할까. 『한비자』를 읽으면 이 실수를 개인의 문제가 아니라 시스템의 문제로 파악해야 한다는 발상이 생긴다.

실수 자체는 부하 직원이 부주의했기 때문일지도 모른다. 하지만 그 직원뿐만 아니라 다른 직원들도 비슷한 실수를 종종 한다면 업무 규칙이나 매뉴얼의 문제일 수도 있다.

만약 부하 직원이 사전 확인을 잊어버리는 바람에 예약 당일에 고객에게 일방적으로 취소 통보를 받았다고 가정하자. 이럴 때는 '전날에는 반드시 확인 메일을 보내고 답장이 없으면 전화로도 다시 연락한다'와 같은 규칙을 정해서 모두가 지키게 해야 한다. 그러면 개인을 탓하지 않으면서 팀 전체의 실수도 줄이는 시스템을 만들 수 있다.

법가의 사상을 '법으로 옭아매는 사상'이라는 편협한 이미지로만 바라보지 않고, 시스템을 통해서 질서와 규율을 만들어내는 사고방식으로 이해해보자. 그러면 오늘날에도 다양한 상황에 유용하게 적용할 수 있을 것이다.

● 성공의 규칙은 시대마다 바뀌어야 한다

단, 규칙은 유연하게 바꿀 수 있다는 점을 잊지 말아야 한다. 환경이나 상황이 바뀌면 과거의 방식은 통용되지 않는 법이다. 『한비자』에서는 「수주守株, 그루터기를 지킨다」라는 우화와 함께 이 가르침을 이야기한다.

송나라의 어느 한 남자가 밭을 갈고 있었다. 그때 한 마리의 토끼가 달려오더니 밭 한가운데 나무 그루터기에 부딪혀 죽었다. 힘들이지 않고 토끼를 얻은 남자는 그날부터 밭 갈던 일을 멈추고 오직 나무 그루터기만 지키며 또 토끼가 달려와 부딪혀 죽기를 기다렸다. 그러나 그런 방식으로는 두 번 다시 토끼를 손에 넣을 수 없었고, 사람들은 남자의 어이없는 행동을 비웃었다. 이 우화에 대해 한비는 이렇게 말한다.

> 이제 선왕의 정사로써 오늘날 세상 백성을 다스리고자 함은 모두가 한결같이 그루터기만 지키던 남자와 같도다.

먼 옛날 성공한 왕의 방식을 따라 지금의 백성을 다스리려는 것은 그루터기만 지켜보며 토끼가 걸려들기를 바라는 어리석은 자와 다름없다. 과거에 우연히 잘 통했던 방법이 지금도 통한다고 생각하는 것은 잘못된 것이다.

현대에 비유하면 고도경제성장 시기에 성공한 방법이 지금도 그대로 통한다고 믿어버리는 것과 같다. 그 잘못을 깨닫지 못하면 결국 「수주」 속 그루터기만 지키던 남자처럼 되고 말 테니 이를 경계해야 한다.

법률이나 규칙도 마찬가지다. 인터넷이 없던 시대에 제정된 법률로는 SNS에서 반복적으로 악성 댓글을 달고 허위 사실을 유포하는 사람을 심판하기 어렵다. 따라서 지금 시대에 맞춰 법률을 유연하게 운용할 필요가 있다. 그때그때 재빨리 규칙을 재검토하지 않으면 사회는 혼란만 가중될 뿐이다. 규칙은 유연하게 바꿀 수 있어야 비로소 시스템으로 작동한다.

　이렇게 알기 쉬운 에피소드와 함께 사물의 진리를 풀어내는 데에 『한비자』 특유의 재미가 있다. '모순', '역린을 건드린다' 등의 표현도 이 책에 실린 우화에서 유래한 표현이다. "이것도 『한비자』에서 나온 이야기구나" 하고 새삼 알게 되는 재미도 있으니, 이 기회에 한 번쯤 직접 『한비자』를 펼쳐보자.

기다리지 말고
과감히 쟁취해라

신중한 것보다는 차라리 과감한 것이 더 낫다.

니콜로 마키아벨리(1469~1527) | 정치사상가
『군주론』(이와나미문고)

● 세상을 바꾼 리더들의 공통점

리더를 위한 교과서로 읽히는 책 중에 『군주론』이 있다. 저자 니콜로 마키아벨리^{Niccolo Machiavelli}는 르네상스 시대에 피렌체 공화국 외교관을 지낸 인물이다. 제목 그대로 군주로서 어떻게 나라를 다스려야 하는가에 관하여 설명한 책인데, 리더는 팀을 어떻게 통솔해야 하는가에 관한 책이라고도 볼 수 있다.

그 내용이 매우 구체적이고 책을 구성하는 스물여섯 장의 제목도 하나같이 실용적이다. 목차를 몇 가지 먼저 살펴보자.

「경멸과 증오를 어떻게 피해야 하는가」

「냉혹과 자비에 관하여: 두려움의 대상이 되어야 하는가,
존경의 대상이 되어야 하는가」

「군주가 가까이 두어야 할 비서관에 관하여」

이런 목차들을 보는 것만으로도 리더가 갖추어야 할 자세에 대하여
떠올릴 수 있을 정도다. 예를 들어 제25장에는 이런 말이 있다.

신중한 것보다는 차라리 과감한 것이 더 낫다.

싸울 때는 "시기상조니까", "조건이 갖추어지고 나서"와 같은 식으로
모든 준비가 갖춰지기를 기다려서는 안 된다. 과감히 나서야 승기를
잡을 수 있다고 마키아벨리는 말한다.

누구나 모든 일을 완벽하게 처리하고 싶어 한다. 그러나 지나치게
신중한 태도로 이것저것 너무 많이 생각하다 보면 결국 행동은 하지
못하고 끝난다. 특히 현대는 정보가 넘치기 때문에 신제품을 개발할
때도 "이런 요소도 검토해야 하지 않을까?", "앞으로 다른 요소가 나오
지는 않을까?" 하고 망설이기 십상이다. 하지만 신중하게 준비하는 사
이에 경쟁사가 비슷한 신제품을 출시하고, 정작 나의 회사는 발매 시
기를 놓쳐버리는 사례는 흔하다. 따라서 적당한 시기에 결단을 내리고

 사장의 문장들

앞으로 나아가지 않으면 승리는 쟁취할 수 없다.

역대 노벨상 수상자를 보아도 과감한 인물이 많음을 느낀다. 2015년에 노벨 생리의학상을 받은 오무라 사토시大村智는 시즈오카현 골프장의 흙에서 신종 미생물을 발견했다. 이 발견은 연간 3억 명의 아프리카 사람들을 실명으로부터 구하는 백신의 상용화로 이어졌다. 골프장 흙에 세기의 대발견이 숨겨져 있으리라고는 누구도 생각하지 못했을 것이다. 하지만 오무라는 이게 안 되면 다음에는 다른 것을 해보면 그만이라는 마음으로 과감하게 도전했다. 그 덕에 큰 성과를 이루었다.

2019년에 노벨 화학상을 받은 요시노 아키라吉野彰도 "연구자에게는 유연한 머리와 포기하지 않는 집착이 필요하다"고 말했는데, 이 말에서 오무라와 통하는 과감함이 느껴진다.

완벽하지 않다는 것을 알면서도 용기를 내어 움직이는 것, 그것이 승리의 조건이다.

때로는 버리는 것이
가장 강력한 전략이다

모든 잘못 중에서도 가장 큰 잘못은
최고가 되겠다며 서로 경쟁하는 일이다.

마이클 포터(1947~) | **경영학자**
『마이클 포터의 경쟁전략』 (하야카와쇼보)

● 모두를 만족시키려다 아무도 만족시키지 못한다

비즈니스에서 성공하기 위해서는 "어떻게 경쟁에서 이길 것인가"를 생각해야 한다. 그러기 위해 필요한 것이 '전략'이다.

경영학자이자 하버드 비즈니스 스쿨 교수인 마이클 포터Michael Porter는 경쟁전략에 관하여 다양한 개념과 기법을 제안해온 인물이다. 경제경영 용어로 잘 알려진 '밸류 체인value chain'이나 '5F 분석5 Forces Model Analysis' 등도 포터가 고안한 것이다.

그의 이론을 알기 쉽게 정리한 것이 『마이클 포터의 경쟁전략』이다.

"경쟁이란 무엇인가?", "전략이란 무엇인가?"라는 본질적인 물음에 대한 답을 보여주는 경영전략론의 고전이라고 할 수 있는 책이다. 이 책 말미에는 경영자들이 자주 묻는 질문에 대한 포터의 답이 수록되어 있다. 그중 하나를 보자.

Q. 기업이 가장 빠지기 쉬운 전략적 실수는 무엇일까?
A. 모든 잘못 중에서도 가장 큰 잘못은 최고가 되겠다며 서로 경쟁하는 일이다.

이 대답이 의외라고 느끼는 사람이 많을 것이다. 최고를 목표로 경쟁하는 일은 나쁜 일처럼 보이지 않기 때문이다. 최고의 상품이나 서비스를 만들면 잘 팔릴 테고, 그러면 경쟁에서도 무적이 될 수 있지 않을까? 대다수의 사람은 이렇게 생각한다. 하지만 포터는 말한다.

모두와 같은 길을 가면서 왠지 나만은 더 좋은 결과를 낼 수 있다고 믿어버리는 것이다.

그리고 이런 종류의 경쟁에서 이기기는 매우 어렵다고 지적한다. 즉, 모든 사람에게 좋은 것, 모두가 목표로 삼는 '최고'를 따라가는 것은 위험하다는 뜻이기도 하다.

잡지만 봐도 '관리직 직장인 대상', '여고생 대상', '30대 주부 대상' 등 구독 대상을 좁혀야 잘 팔린다. 만약 출판사가 회사원, 여고생, 주부 등 모든 사람에게 읽히고 싶다는 마음으로 기획한다면 결국 아무도 읽지 않는 잡지가 출간되고 만다.

내가 어린이용 책을 낼 때도 '초등학교 1학년용', '초등학교 2학년용' 처럼 가능한 한 대상을 좁게 설정할수록 훨씬 잘 팔렸다. 포터 역시 목표로 삼는 고객과 그들의 니즈를 분명히 좁혀서 잡고, 그 밖의 사람들의 기대에는 부응하지 못한다는 현실을 받아들여야 한다고 말한다.

이러한 전략은 인생에도 활용할 수 있다. 예를 들어 파트너를 찾을 때 연봉, 학력, 외모, 성격을 모두 갖춘 사람을 기준으로 삼으면 아무도 해당되지 않는다. 하지만 조건 중 몇 가지를 과감히 제외하면 후보자는 단번에 늘어난다.

모든 것을 쫓기보다 무엇을 버릴지 생각하고 행동하는 것, 그것이 인생을 잘 사는 비결일지도 모른다.

상대에 따라
태도를 바꾸지 않는다

"아까도 말했듯이 나에게 이건 단지 일일 뿐입니다."

레이먼드 챈들러1888~1959) | 작가
『롱 굿바이』(하야카와문고)

● 막다른 골목에서도 평소처럼 행동하라

사립 탐정 '필립 말로'는 미국의 작가 레이먼드 챈들러[Raymond Chandler]가 만들어 낸 캐릭터로, 하드보일드 소설의 대명사다. 그가 등장하는 장편은 총 7편인데, 대부분이 영화화되어 험프리 보가트[Humphrey Bogart]를 비롯해 미국을 대표하는 배우들이 말로를 연기했다.

그중에서도 최고의 걸작은 1953년에 발표된 『롱 굿바이』다. 일본에서는 『긴 이별』이라는 제목으로 알려졌으나, 2007년 무라카미 하루키[村上春樹]의 새 번역본이 출간되며 다시 주목받았다.

이 작품의 매력은 말로가 관철하는 '일의 미학'을 만끽할 수 있다는 점이다. 그는 자신만의 독특한 스타일을 고수하며 부나 명성에는 전혀 관심을 보이지 않는다. 성가신 일을 맡게 되어 고생하더라도 처음 약속한 금액 이상은 의뢰인에게 요구하지 않는다. 어떤 문제에 휘말리든 독자적인 미학으로 난관을 극복해나간다. 이것이 말로의 스타일이다.

이 이야기에서도 말로는 한 손에 총을 들고 찾아온 인물로부터 성가신 일을 의뢰받게 된다. 권총을 든 남자가 갑자기 눈앞에 나타나면 아무리 탐정이라고 해도 동요할 법한데, 그는 상대를 맞이하며 여유 있는 모습으로 커피를 내리기 시작한다. 게다가 커피메이커의 화력을 세심하게 조정하고 타이머로 시간을 정확히 재는 등 평소와 같은 순서로 천천히 작업을 진행한다.

작은 것을 소홀히 여기지 않는 남자, 말로. 그 무엇으로도 커피를 내리는 그만의 절차를 흐트러뜨릴 수 없다. 설령 권총을 손에 든 눈에 핏발이 선 남자라 해도.

위험한 상황에 부딪혀도 당황하거나 동요하지 않고 일상의 루틴을 소중히 여긴다. 이 묘사만으로 말로의 담력이 전해진다. 오히려 급박할 때일수록 평소와 같은 행동을 취함으로써 자신을 유지할 수 있다고 생각하는 듯하다.

상대에 따라 태도를 바꾸지 않는 것도 말로의 멋진 모습이다. 대치하는 상대가 권력자든 거물급 부자든 그는 항상 자신의 페이스대로 할 말을 한다. 경찰에 부당한 체포 지시를 내리고 권력을 휘두르며 억지 진술을 받아내려는 지방 검사에게도 말로는 이렇게 말한다.

"의미 없는 허세는 사양일세. (중략) 그런 허세가 필요하다면 자네한테는 애초에 나를 다룰 만한 역량이 없는 거야."

힘이 센 상대에게는 겸손하고, 그렇지 않은 상대에게는 함부로 대하는 사람이 종종 있다. 하지만 상대에 따라 태도를 바꾸는 사람은 주위로부터 신뢰를 받지 못한다. 그런 점에서 말로는 누구에게나 공평하고 일관된 태도를 보인다.

의뢰인이나 사건 관계자에 대해서도 유별나게 신경을 쓰거나 아부하지 않는다. 어떤 의뢰인 가족으로부터 "당신은 나를 좋아하지 않는 것 같아요"라는 말을 들었을 때도 말로는 "좋아하지도, 싫어하지도 않습니다"라고 대답한다.

"나는 당신을 좋아하거나 싫어할 만큼 잘 알지 못합니다. (중략) 아까도 말했듯이 나에게 이건 단지 일일 뿐입니다."

나는 호불호를 기준으로 일을 하는 것이 아니다. 의뢰를 맡은 이상 어떤 일이든 끝까지 해낼 뿐이다. 이것이 말로의 직업윤리이자 일의 미학이다.

말만 들으면 말로가 무뚝뚝하게 느껴질 수도 있다. 그러나 사실 그는 친절하고 배려심 깊은 인물이다. 그래서 곤란한 사람을 돕기 위해 최선을 다하지만, 그렇다고 상대의 사정에 지나치게 깊이 관여하지는 않는다. 의외로 이 거리감이 서로를 편하게 만들어주지 않았을까.

여러분도 일을 하다 보면 업무 상대에게 지나치게 신경 써서 지칠 때가 있을 것이다. 그럴 때는 말로를 본보기로 삼아 그들과 적당한 거리를 두며 지내보자.

폭발적인 집중력은
환경이 만든다

필요한 것은 단 하나. 외부를 차단하기 위한 문이다.

스티븐 킹(1947~) | 작가
『글을 쓰는 것에 대하여』 (쇼가쿠칸문고)

● 좋은 아이디어는 닫힌 문 너머에서 떠오른다

해야 할 일이 있는데 자기도 모르게 스마트폰으로 인터넷 서핑을 하거나 SNS를 확인하다가 정신 차려보니 이미 상당한 시간이 흘러버린 경험은 누구에게나 있을 것이다. 스마트폰이나 컴퓨터는 현대사회를 사는 성인에게 장난감 상자와 같다. 한번 가지고 놀기 시작하면 푹 빠져서 일을 소홀히 하기 쉽다.

이런 유혹을 끊고 눈앞의 일에 집중하려면 어떻게 해야 할까. 작가 스티븐 킹^{Stephen King}은 자신의 창작 방식에 관하여 쓴 에세이『글을 쓰는 것에 대하여』에서 그 비법을 이렇게 말했다.

필요한 것은 단 하나. 외부를 차단하기 위한 문이다.

이건 비유가 아니다. 말 그대로 "작업실의 문을 닫아라"라는 뜻이다. 이어서 킹은 이렇게 말한다.

문은 바깥세상을 차단함과 동시에 당신을 그 안에 가둬 일에 집중하게 해준다.

그러면서 작업실에 전화는 물론이고, 시간을 때우기 위한 텔레비전이나 게임기도 두지 말아야 한다고 못을 박는다.

킹의 작품은 하나같이 발상이 남달라서 그중 많은 작품이 영화화되어 큰 인기를 끌고 있다. 그의 이런 창조성은 두 가지 '기둥'에서 나온다. 첫 번째 기둥은 규칙적인 습관이다. 킹이 설명하는 그의 일과는 다음과 같다.

오전에는 집필. 오후에는 낮잠과 편지.
밤에는 독서 및 가족과의 단란한 시간.

　　　　　　　　　　　　　사장의 문장들

매일 같은 시간에 글을 쓰면 그것이 당연한 일이 되어 페이스가 흔들리지 않고 꾸준히 쓸 수 있다.

두 번째 기둥은 열정이 식기 전에 단숨에 써버리는 것이다. 기세가 올랐을 때 아이디어를 형상화한다는 뜻이다. 그래서 작업실의 문을 닫고 집중하는 것이 중요하다.

물론 회사에서 문을 닫을 수 있는 개인실을 확보하기란 어려운 일이다. 하지만 산만하게 만드는 요소를 차단하고 시간을 정해 집중할 수 있는 환경을 만드는 것은 가능하다.

나도 창의적인 일에는 집중과 열정이 중요하다고 생각한다. 흔히 회의에서 "그 아이디어 재미있네요"라며 분위기만 한참 들뜨다가 결국 구체적인 계획은 없이 끝나는 경우가 있다. 나는 그런 대화가 시작되자마자 종이와 펜을 꺼내 "책으로 만든다면 제목과 목차는 이런 구성이 될 겁니다"라고 메모하면서 구체적인 형태로 만들어간다.

회의가 끝난 뒤, 이 메모를 편집자에게 전달한다. 나중에라도 기획이 통과되면 그 자리에서만 끝나는 이야기가 아니라 실현할 수 있는 아이디어를 만들어낸 셈이 된다.

이것도 "이 아이디어, 재미있는데"라는 열정이 있을 때 단번에 해내는 것이 중요하다. 어떤 상황에서도 '문을 닫고 집중하는 감각'을 활용한다면 해야 할 일을 반드시 이룰 수 있다.

물과 같은
유연함으로 미래를 만든다

최고의 선은 물과 같다. 물은 만물을 이롭게 하면서도,
결코 다투려 하지 않는다.

노자(생몰년 미상) | 사상가
『노자』(고단샤학술문고)

● 논리에 얽매이지 않는 물 같은 삶

살다 보면 예상치 못한 사건으로 일이나 생활이 크게 변할 때가 있다. "그것만 아니었으면 잘 되있을 텐데"라고 한숨 쉬고 싶어질 때도 있을 것이다. 그럴 때 꼭 읽어보길 권하는 책이 『노자』다.

저자로 알려진 노자는 중국 춘추시대의 사상가로, 이후 탄생한 도교의 시조로 여겨진다. 노자의 가르침을 한마디로 표현하면 '무위자연無爲自然', 즉 인생을 계산하지 않고, 있는 그대로 자연스럽게 살아간다는 뜻이다.

사장의 문장들

우리는 어쩔 수 없이 지금보다 나아지려면 무엇인가 해야 한다는 식의 논리를 기준으로 모든 것을 생각하는 경향이 있다. 그에 비하여 노자가 주장하는 것은 만족을 아는 것, 즉 지금의 나에게 만족하는 사고방식이다.

언뜻 들으면 향상심이 전혀 없는 사고방식으로 들릴 수도 있다. 그러나 이렇게 "나는 이미 행복하다"고 생각하면 여유가 생긴다. 현대사회에는 힘든 시간을 보내는 사람이 많다. 그럼에도 조금이나마 긴장을 풀고 이미 행복하다고 생각해보자.

그러면 "금전적으로는 어려워도 내게는 소중한 가족이 있어"라는 생각이 들 수도 있다. 또는 "가족은 없지만 혼자만의 자유가 있어"라는 생각도 들 수도 있다. 이렇게 현재 나의 모습을 자연스러운 것으로 받아들이고, 이를 통해 마음을 안정시킬 수 있다.

『노자』의 다음 구절은 이 무위자연을 상징한다.

최고의 선은 물과 같다. 물은 만물을 이롭게 하면서도, 결코 다투려 하지 않는다.

이 첫 번째 문장이 바로 그 유명한 '상선약수上善若水'다. 일본 술의 브랜드명으로 유명해졌지만, 출처는 『노자』다. 진정한 선은 물의 작용과 같다. 모든 것에 이익을 주면서도 누구와도 다투지 않는다는 의미다.

물은 다양한 은혜를 베푼다. 풀과 나무, 농작물을 키우고 인간에게 윤택한 삶을 주며 모든 생명의 근원이 된다. 게다가 물은 그 무엇과도 다투지 않고 높은 곳에서 낮은 곳으로 자연스럽게 흘러간다. 그 끝에는 논밭이 있고 강과 바다가 있으며 그곳에서 생명이 자란다. 오직 자연의 이치대로 흘러갈 뿐인데 그것이 좋은 결과를 낳는다. 따라서 인간도 물을 본받으면 더 나은 방향으로 나아갈 수 있다.

물이 높은 곳에서 낮은 곳으로 흘러가는 것은 유연하게 자유자재로 모습을 바꿀 수 있어서다. 그래서 물은 중간에 장애물이 있어도 정면으로 충돌하여 흐름이 멈추는 일 없이 장애물을 피하면서 아래로 흘러갈 수 있다.

● 유연한 몸에 유연한 마음이 깃든다

유약한 것은 강하고 굳센 것을 이긴다.

노자가 부드러움을 중시했다는 것은 위의 구절에도 나타나 있다. 부드럽고 약한 것이 단단하고 강한 것을 이긴다는 뜻이다. 일본에서 이 말은 "유연함이 강함을 제압한다柔よく剛を制す"라는 유도의 가르침으로 잘 알려졌지만, 그 유래는 『노자』다.

점점 바뀌는 시대를 살아가기 위해서는 강인함을 추구하는 것보다

 　　　　　　　　　　　　　　　　　　사장의 문장들

오히려 부드러움을 지니는 것이 더 중요하다고 느끼는 사람이 많다. 영화 속 영웅도 예전처럼 닥치는 대로 적을 쓰러트리기만 하는 강한 유형의 캐릭터보다는 우아함을 겸비한 캐릭터가 인기를 끌고 있다.

직장의 리더에게 요구되는 것도 마찬가지다. 한때 많았던 "조용히 하고 나만 따라와!" 같은 강압적인 유형보다 관계를 부드럽게 유지할 줄 알고 부하의 말을 귀 기울여 들어주는 상사가 더 큰 호감을 얻는다.

물을 본받겠다고 마음먹으면 인간관계에서도 자기 방식만 고집하기보다는 상대에 맞춰 유연하게 대처할 수 있게 된다. 신입사원이 엉뚱한 제안을 해도 상사로서 "그거 좋은 생각인 것 같은데. 그래, 일단 그걸로 해보자"라고 판단하고 진행할 수 있어야 한다. 끊임없이 변하는 지금 상황에서는 새로운 것에 저항하지 않는 물 같은 유연함이 리더에게 요구된다.

마음을 유연하게 만들어라는 말을 들어도 어떻게 실천해야 할지 모르겠다면 몸을 유연하게 하는 것부터 시작해도 좋다. 사실 나도『노자』를 읽고 몸을 물처럼 만들고 싶다고 생각하여 다양한 운동을 통해 유연함을 기르기 위해 노력했던 적이 있다. 확실히 몸이 유연해질수록 다른 사람도 부드럽게 대할 수 있게 되었다. 유연함은 젊음과도 같다.

사람은 태어날 때 유약하고 죽을 때 견강하다.

이것도 노자의 한 구절이다. 사람이 태어날 때는 몸이 부드럽고 연약하지만, 죽을 때는 단단하게 굳어버린다. 즉, 머리와 몸이 모두 굳은 사람은 아이 같은 유연함을 잃어가고 있다는 뜻이다.

나무와 풀도 어릴 때는 연약하고 무른 것 같지만 사실 그 순간이 가장 생명력이 넘친다. 우리 인간도 부드러움을 잃지 않도록 노력해야 나이를 먹어도 살아가는 힘을 키워갈 수 있다.

청춘은 시기가 아니라
마음가짐이다

젊음을 유지하는 일과 선을 행하는 일은 쉽다
모든 비열한 것들로부터 멀어지는 것 또한 그렇다
그러나 심장의 고동이 약해진 뒤에도
여전히 미소 지을 수 있는 것, 그것은 반드시 배워야만 한다

헤르만 헤세(1877~1962) | 작가, 시인
『사람은 성숙해질수록 젊어진다』(소시샤문고)

● 마음이 늙지 않는 한 사람은 결코 늙지 않는다

우리는 지금 초고령 사회에 살고 있다. '백세시대'가 되면 50살이어도 겨우 반환점이다. 인생의 장기화는 곧 '늙음'과 마주하는 시간이 길어졌음을 의미한다. 젊음을 잃어가는 자신을 깨달았을 때 "예전에는 좋았지"라고 한탄할 수도 있고, 늙음을 있는 그대로 받아들이고 인생의 후반전을 긍정적으로 맞이할 수도 있다. 앞으로는 누구나 이 문제를 직면하게 될 것이다.

독일의 작가이자 시인인 헤르만 헤세^{Hermann Hesse}의 책 중에 바로 이

문제에 대한 정답을 제시하는 듯한 책 한 권이 있다. 『수레바퀴 아래서』, 『데미안』 등의 소설로 잘 알려진 헤세는 에세이스트로서도 뛰어난 작가였다. 그는 '늙음과 죽음'을 다룬 수필도 여러 편 남겼다. 이를 엮은 것이 『사람은 성숙해질수록 젊어진다』라는 제목의 에세이집이다.

그중 한 편에는 마흔 살부터 쉰 살까지, 인생의 10년에 관해 말하는 문장이 있다.

늘 위기감이 감도는 10년이다. 일상과 자아 사이에서 균형을 잡기가 쉽지 않아 불안이 가시지 않는다. 크고 작은 불만이 거듭해서 고개를 드는 시간이다.

40대에 접어들면 청춘의 젊음이 사라지고, 그런 자신을 좀처럼 받아들이지 못해 불안과 불만에 시달리게 된다. 헤세 자신도 그런 시간을 겪었다고 기록한다. 그러나 이 시기를 보내고 나면 한결 가라앉는 시기가 찾아온다. 이런 흐름 속에서 그는 이렇게 생각하게 되었다.

흥분과 투쟁의 시대였던 청춘이 아름다웠던 것처럼, 늙음과 성숙도 그 자체의 아름다움과 행복이 있다.

청춘의 젊음은 아름다운 것이다. 나는 고교 야구와 고교 축구를 좋아해서 자주 경기를 보러 가는데, 경기에서 진 선수들이 우는 모습조차 아름답다. 마치 일본의 고교 축구 주제곡인 「뒤돌아보지 마, 너는 아름다워」의 가사 그대로다.

반면에 50대가 된 성인이 눈물을 흘리면 아무도 아름답다고 생각하지 않을 것이다. 즉, 나이가 들면 아름다움의 기준도 바뀌어야 한다. 육체의 젊음을 만끽하는 것이 아니라 인간으로서 성숙해지며 청춘과는 또 다른 아름다움과 행복을 얻을 수 있다는 사실을 헤세는 깨달은 것이다.

하지만 안타깝게도 누구나 성숙한 어른이 될 수 있는 것은 아니다. 오히려 나이를 먹을수록 사소한 일에 기분이 나빠지거나 짜증 나기 쉽다. 툭하면 불평불만이 터져 나온다.

그런 불평불만의 저주에 사로잡히지 않고 성숙한 어른이 되려면 어떻게 해야 할까. 헤세의 「늙어가면서」라는 시를 살펴보자.

젊음을 유지하는 일과 선을 행하는 일은 쉽다
모든 비열한 것들로부터 멀어지는 것 또한 그렇다
그러나 심장의 고동이 약해진 뒤에도
여전히 미소 지을 수 있는 것,
그것은 반드시 배워야만 한다

늙어서 몸이 쇠약해질수록 인상을 쓰기보다는 오히려 미소 짓는 법을 배워야 한다는 뜻이다. 이 뒤로는 이런 내용이 이어진다.

> 그것을 해낼 수 있는 사람은 늙지 않았다
> 그는 여전히 밝게 타오르는 불꽃 속에 서서
> 그의 주먹으로 세상의 양 끝을 구부려
> 겹쳐 놓을 수 있다

나이를 먹어도 여전히 미소를 지을 수 있는 사람은 늙지 않으며 무엇인가를 이루기 위한 열정과 기력도 잃지 않는다는 뜻이다. 의지만 있다면 미소를 짓는 것은 누구나 할 수 있으니 오늘부터 실천해보자.

● 인생 최고의 순간은 아직 오지 않았다

또, 헤세는 50대에 배울 것으로 '기다림', '침묵', '경청', 이 세 가지를 꼽았다. 『논어』에도 "나이 예순이면 귀에 거슬리는 말이 없다"라는 구절이 있는데, 헤세도 마찬가지로 잠자코 다른 사람의 의견에 귀를 기울이는 것이 얼마나 중요한지 경험을 통해서 깨달았을 것이다.

사람은 오래 살수록 고집이 세진다. 내가 경험이 풍부하니 옳다고 생각하며 다른 사람의 말을 받아들이기 어려워진다. 하지만 일방적으로 자신의 의견을 강요하면 주변으로부터 소외당할 뿐이다. 하고 싶은 말이 있어도 꾹 참고, 일단 기다리면서 조용히 귀 기울여보자. 여기에 항상 미소까지 짓는다면 직장의 젊은 사람들도 '좋은 상사'라고 생각할 것이다.

늙음은 부정적으로 받아들여지기 쉽다. 하지만 인간으로서 성숙해지면 세상을 더 많이 이해할 수 있기 때문에 그만큼 두려움이 사라진다. 청춘은 육체적으로 젊고 에너지도 넘치지만 아직 세상을 잘 모르기 때문에 불안한 시기이기도 하다. 돌이켜보면 이때는 한 걸음도 마음 놓고 내디디지 못하는 경우가 많았을 것이다. 오히려 늙어가면서 두려움이 사라지고 그동안 얽매여 있던 상식과 고정관념에서도 해방되어 마음이 자유로워진다. 그러면서 하고 싶은 일에 더 자신 있게 도전할 수 있다.

몸은 늙어도 정신은 젊어진다. 소개한 책 제목 그대로 사람은 성숙해질수록 젊어지는 것이다. 이제 젊지 않다고 느껴질 때일수록 나를 되돌아보고, 인간으로서 성숙해지기 위한 공부를 계속해야 한다.

역경의 극복

죽어도 좋으니
반드시 해내겠다는 마음

목숨을 걸고 달려들었다.
그런데 참으로 묘하게 단 한 번도 죽지 않았다.

가쓰 가이슈(1823~1899) | **무사, 정치인**
『**히카와 세이와**』(카도카와소피아문고)

● 도망칠 수 없다면 목숨을 걸어라

누구에게나 한 번쯤은 너무 버거운 일을 떠맡게 되는 순간이 찾아온다. 그런 상황을 어떻게 극복할 것인지 생각할 때 본보기가 되는 인물이 있다. 에도 막부 말기부터 메이지 시대에 이르는 격동의 시대, 수많은 고난 속에서 일본이라는 나라의 조종간을 잡은 가쓰 가이슈勝海舟다.

그는 에도 막부가 오래 유지되지 못할 것이라는 점을 간파하고, 막부 시대의 막을 내리며 일본을 근대국가로 만들겠다는 비전을 그렸다. 그러나 동시에 막부의 사람이면서 막부 시대를 끝내려 한다는 이유로

많은 비난을 받았고, 몇 번이나 자객들의 표적이 되었다.

그렇다면 가이슈는 어떻게 이 위기를 넘겼을까. 그의 대담을 모아 수록한 책인『히카와세이와^{氷川清話}』에 이런 문장이 있다.

> 위기에 처해서 도저히 도망칠 수 없다고 판단되면 오히려 목숨을 걸고 달려들었다. 그런데 참으로 묘하게 단 한 번도 죽지 않았다.

즉, 목숨을 버릴 각오를 하면 신기하게도 죽지 않았다는 뜻이다. 자객에게 살해당할 뻔했을 때도, 온갖 역경을 견디고 에도 막부를 끝장냈을 때도 그는 "침착하게 여유를 가지고 대처했다"고 말한다.

또한 가이슈는 자신의 용기와 담력은 '검^劍'과 '선^禪'에 의해 길러졌다고 말한다. 이 두 가지로 정신을 연마하면 어떤 위기에 처하더라도 침착할 수 있으며, 항상 여유가 생겨 정상적인 판단력을 발휘해 난관을 헤쳐나갈 수 있다는 것이다.

나는『히카와세이와』를 중학생 때 읽고 이 말에 큰 자극을 받았다. 그러면서 당시 동아리 활동으로 하던 테니스가 마치 검술이라도 되는 것처럼 호흡법을 연습했다. 공을 치는 순간순간마다 집중하기 위해 노력했다. 이렇게 '검과 선'에 몰두하는 것이 나의 정신을 스스로 갈고닦는 일이라 생각했기 때문이다.

마찬가지로 누구나 동아리나 취미 활동에 몰두한 경험이 있을 것이다. 힘든 연습은 물론이고, 실전을 앞둔 긴장감도 견뎌내며 담력을 키웠을 것이다. 그런 경험을 통해 기른 감각을 떠올리고 되살려보자. 그러면 아무리 어려운 일에 도전하게 되더라도 "그렇게 힘든 연습도 해냈는데, 그거에 비하면 이건 아무것도 아냐"라고 생각하게 된다.

나도 예능 프로그램에서 무리한 요구를 받아 호리우치 켄^{堀内健, 일본의 희극인}과 어깨동무를 하고 그의 데뷔곡을 부른 적이 있다. 이때도 가이슈의 말을 떠올리고 목숨을 버린다는 생각으로 전력을 다해 부끄러움 따위는 잊고 노래했다. 지금 생각해보면 정말 재미있는 일이다.

그때 프로그램 스태프가 "가만 보면 일류인 사람일수록 무리한 부탁을 해도 거절을 잘 안 하더라고요. 신기해요"라고 말했던 것이 인상적이었다. 역시 그릇이 큰 사람일수록 배짱도 두둑한 법이다.

또 가이슈는 "지기는 천 년 후에도 만나기를 기다린다", 즉 "천 년이라도 세월이 흐르면 언젠가 나를 이해해줄 사람이 나타날 것이다"라고도 말했다. 어려운 일을 해내더라도 바로 인정받을 수 있는 것은 아니다. "지금은 칭찬받지 못해도 언젠가는 알아줄 거야"라고 생각하며, 의연하게 버틸 수 있을 만큼 넓은 마음을 가진 사람이 되고 싶다.

실패와 좌절이
기회가 되기도 한다

"그러니 가장 아랫자리인 견습 단계부터
차근차근 맡겨주시면 좋겠습니다."

다카하시 고레키요(1854~1936) | 일본 총리대신
『다카하시 고레키요 자서전』(추코문고)

● '대실패'를 만회하고 노예에서 총리로

일본은행 총재를 거쳐 정계에 입문한 뒤 일곱 차례나 대장성^{大藏省} 장관을 역임하고 총리까지 지낸 다카하시 고레키요^{高橋是清}는 '재정의 신'이라고 불린 인물이다. 국가 최고 지도자까지 올라간 고레키요지만, 그 인생은 파란만장해서 몇 번이나 큰 불행을 겪었다. 심지어 그는 소년 시절에 노예로 팔려간 적도 있는 사람이다.

『다카하시 고레키요 자서전』에 따르면 태어난 지 얼마 지나지 않아 센다이 번사^{藩士, 제후에 속하는 무사} 집안의 양자로 들어간 고레키요는 열네살

     사장의 문장들

때 번^{藩, 에도 시대 다이묘의 영지나 그 정치 형태}에서 유학생으로 뽑혀 미국으로 파견되는 기회를 잡았다.

그러나 막상 미국에 가보니 미국인의 집에서 온갖 집안일과 잡일만 떠맡을 뿐 학교에 다닐 수가 없었다. 고레키요는 머슴 같은 취급을 더는 견디지 못하고 그 집주인에게 "제발 그만두게 해주십시오"라고 부탁한다. 그는 그제야 놀라운 사실을 알게 되는데, 미국으로 건너왔을 때 서명한 서류가 사실은 그를 노예로 파는 계약서였던 것이다.

그때 서명한 것이 몸을 파는 계약서였다니, 정말 말도 안 되는 일이었다.

더구나 그 무렵 조국인 일본에서는 유신 전쟁이 일어나, 전국이 한창 혼란의 도가니에 빠져 있었다. 번에서는 아무 연락도 없이 그를 타지에 버려두었다. 온갖 우여곡절 끝에 혼자 힘으로 간신히 귀국했을 때는 이미 연호가 메이지로 바뀌어 있었다.

고작 10대의 어린 나이부터 끔찍한 운명에 휘말렸던 고레키요의 불행은 성인이 된 이후에도 계속된다. 그가 겪었던 불행 중 특히 페루의 은광 투자 실패가 유명하다.

영어 실력을 높이 인정받은 고레키요는 농상무성^{農商務省}에 채용되어 특허국장을 맡은 적이 있다. 그가 특허국장으로 있던 어느 날 지인으로부터 페루 은광 경영에 협력해주었으면 좋겠다는 제안이 들어온다.

이미 현장 조사를 마쳐서 질 좋은 은이 채굴된다는 사실을 확인했으니, 본격적인 사업을 위한 회사를 설립하자는 제안이었다. 고레키요는 이 회사의 출자자이자 일본 대표로서 페루에 가주지 않겠느냐는 부탁을 받는다. 지인의 간곡한 청에 그는 그 임무를 받아들였다.

하지만 현지에서 기다리고 있었던 것은 또다시 경악할 만한 현실이었다. 페루 은광은 이미 은이 모두 채굴된 폐광이었다. 현장 조사를 위해 파견한 기술자가 거짓 보고를 한 사실이 그제야 밝혀졌지만 이미 물은 엎질러진 후였다. 고레키요는 출자금을 모두 잃게 되었다.

물론 고레키요에게 책임은 없고 그도 이른바 사기를 당한 것이지만 세상 사람들은 이 실패를 조롱하고 비방했다. 헛소문까지 퍼져나가기 시작했다. 이 사건으로 인해 시골로 숨어 들어가려던 그에게 손을 내민 사람이 가와다 고이치로^{川田小一郎} 일본은행 총재다.

가와다는 고레키요를 타이르며 이렇게 말했다고 한다.

“실패는 얼마든지 되돌릴 수 있지 않은가? 실업계로 들어오는 것은 어떤가. (중략) 내가 소개해주겠네.”

그 말을 들은 고레키요는 감사 인사와 함께 한 가지 부탁이 있다면서 이렇게 말했다.

"저는 실업계가 처음입니다. (중략) 그러니 가장 아랫자리인 견습 단계부터 차근차근 맡겨주시면 좋겠습니다."

보통은 안정된 직책이 좋다거나 관료 출신으로서 부끄럽지 않은 일을 하고 싶다는 식으로 말했을 테지만 고레키요는 신입부터 재출발하기를 바랐다. 그의 인간성이 잘 드러나는 한마디다.

● 가장 낮은 곳에서 발견한 새로운 가능성

고레키요가 소개받은 일자리는 일본은행의 신축 공사를 담당하는 건축 사무실의 사무원이었다. 게다가 직속 상사는 예전에 고레키요가 영어를 가르쳤던 제자였다. 불편하지 않겠느냐는 질문을 받은 고레키요는 즉시 이렇게 대답했다.

"그런 건 전혀 상관없습니다. 즐겁게 일하겠습니다."

이후 고레키요는 매일 아침 일찍 출근해서 일을 배웠다. 그리고 곧 업무상의 문제를 잇달아 발견했다. 재고 품목이 정리되지 않아 발주가 중복되거나 업체가 금액을 속인다는 사실을 알게 된 것이다. 그는 즉시 개선책을 실행한다.

이윽고 고레키요는 신축 공사와 관련하여 한 가지 사실을 더 알게 된다. 새로 짓는 일본은행은 모두 석조로 건축할 계획이었는데, 강도와 예산 사정으로 인해 2층 이상부터는 벽돌로 건축하는 쪽으로 바뀌었다는 것이다.

하지만 해당 변경 사항은 총재의 승인을 받지 않았고, 총재인 가와다는 크게 화를 냈다. 고레키요는 사태를 수습하기 위해 머리를 쥐어짜냈다. 그리고 외관만 석조로 보인다면 총재도 만족하리라 판단하여 벽돌로 가운데를 쌓은 다음 외벽만 얇은 돌을 덧붙이는 방법을 생각해 낸다.

기술적으로도 문제가 없다는 사실을 확인한 고레키요는 이 계획을 총재에게 보고한다. "그거 좋은 생각이야!"라고 칭찬받은 고레키요는 또다시 부탁이 있다고 말하며, 1만 엔을 자유롭게 사용할 수 있게 해달라고 요청한다.

당시 공사 현장에는 네 명의 작업반장이 있었는데, 고레키요의 눈에는 아무래도 이들이 임금 인상을 노리고 담합하여 일부러 공사를 늦추고 있는 것처럼 보였다. 그래서 기일을 맞추지 못하는 업자에게는 벌금을 부과하고, 기일 전에 끝낸 업자에게는 상여금을 주는 방법을 떠올렸다. 1만 엔은 그 상여금으로 사용할 것이라고 설명했다.

총재는 "이 또한 좋은 생각"이라며 고레키요의 부탁을 들어주었다. 그 결과 작업반장들은 상여금을 받기 위해 열심히 일하기 시작했고, 기한 내에 공사를 마칠 수 있었다.

 사장의 문장들

일련의 성과를 인정받은 고레키요는 그로부터 몇 개월 후 일본은행에 정사원으로 채용되었다. 절망적인 상황에서도 포기하지 않고 신입의 자세로 처음부터 다시 시작했기 때문에 긍정적인 상황으로도 빠르게 돌아올 수 있었다.

인생에는 실패가 따르기 마련이다. 그럴 때 과거의 실적이나 직함에 집착하지 않고 마음을 비운 다음 다시 신입부터 시작하겠다는 결심을 다진다면 어떤 위기를 마주해도 두렵지 않을 것이다. 몇 번을 쓰러져도 다시 일어날 줄 아는 고레키요의 강인함을 본받고 싶다.

서로의
얼굴 앞에 서면

모든 담론을 가능하게 하고 시작하게 만든다는 점에서
얼굴이야말로 곧 담론, 그 자체입니다.

에마뉘엘 레비나스(1906~1995) | 철학자
『윤리와 무한: 필립 네모와의 대화』(치쿠마가쿠게이문고)

● **내 얼굴은 어떻게 보이고 있을까**

2025년 중동은 전쟁 중이다. 이슬람 조직 '하마스'가 이스라엘에 기습 공격을 가한 것에 대한 반격으로, 이스라엘은 팔레스타인 자치구인 가자 지구에 격렬한 공습과 지상 작전을 펼치고 있다. 이 군사 충돌로 가자 지구에서는 민간인 희생자가 계속 늘어나고 있으며, 그중에는 어린이도 포함되어 있을 것으로 보인다. 보도를 통해 현지의 참상을 접할 때마다 참을 수 없을 정도로 가슴이 아프다.

이스라엘과 팔레스타인의 대립에는 긴 역사와 복잡한 배경이 있다.

그래서 좀처럼 해결의 실마리를 찾기 어려운 것이 현실이다. 전쟁이 일어나면 양쪽 모두 수많은 희생자가 생긴다는 것을 알면서도 왜 인간은 서로를 죽이는 일을 멈출 수 없는 것일까. 이 근본적인 질문에 대해서 이번에는 윤리학의 관점으로 생각해보고자 한다.

20세기를 대표하는 철학자 중 한 명인 에마뉘엘 레비나스^{Emmanuel Levinas}는 독자적인 윤리학을 구축한 것으로 유명하다. 그의 사상에서 가장 중요한 개념으로 여겨지는 것이 '얼굴^{visage}'이다.

이 주제는 레비나스의 주요 저서인『전체성과 무한』에서 자세히 설명되어 있는데, 일반인에게는 난해하게 느껴질 수도 있다. 그래서 이번에는 그의 사상이 간결하게 정리되어 있는『윤리와 무한: 필립 네모와의 대화』를 소개하려고 한다. 이 책은 레비나스가 라디오 프로그램에 출연했을 때의 인터뷰를 수록한 책으로, 철학에 익숙하지 않은 사람도 이해하기 쉬운 내용으로 이루어져 있다.

레비나스는 이 책의 제7장에서 '얼굴'에 대해 이야기한다. 그는 얼굴의 의미를 이렇게 정의한다.

얼굴은 의미작용입니다. 그 의미는 "너, 살인하지 말라"라고 말하는 데에 있습니다.

다른 사람의 얼굴을 보았을 때, 그 얼굴이 하는 첫 마디는 "너, 살인하지 말라"이며, 이것은 하나의 명령이라는 뜻이다.

이 설명을 듣고 당황하는 사람도 있을 것이다. 우리가 "얼굴의 의미는 무엇입니까?"라는 질문을 받았다고 가정해보자. "남과 나를 구별하는 형상입니다"라거나 "그 사람다움을 나타내는 것입니다"라고 대답하는 경우는 있어도 "살인입니다"라는 대답은 나오지 않을 것이다.

그러나 그것은 평화로운 나라에 사는 사람들의 발상일지 모른다. 레비나스는 지금의 리투아니아에서 태어나 프랑스로 귀화한 유대인이다. 제2차 세계대전 중 독일의 포로 수용소에 4년간 갇혀 지내다가 살아남았다. 귀환한 후에야 유대인을 덮친 홀로코스트의 재앙을 알게 되었다. 그가 이 비극을 염두에 두고 윤리학을 연구했으리라는 점은 짐작하기 어렵지 않다.

왜 나치는 같은 인간인 유대인을 대량으로 학살했을까. 결국 상대를 한 사람의 인간으로 보지 않았기 때문이다. 그래서 마치 물건을 처분하듯 수백 명, 수천 명을 한꺼번에 가스실로 보낼 수 있었다. 만약 각 유대인의 얼굴을 보고 대화하면서 인간과 인간 사이 관계를 쌓았다면, 그들을 그렇게 쉽게 죽이지 못했을 것이다.

● 침묵을 깨고 서로에 대한 책임으로

레비나스는 "타인과의 진정한 관계는 '담론discours'에 있습니다"라고 하면서 다음과 같이 말했다.

 사장의 문장들

모든 담론을 가능하게 하고 시작하게 만든다는 점에서 얼굴이야말로 곧 담론, 그 자체입니다.

레비나스는 이렇게 말하기도 했다.

누군가의 얼굴 앞에서 침묵하는 것은 어려운 일입니다.

우리도 누군가와 얼굴을 마주했을 때, 침묵이 어색해서 무언가를 이야기하려 한다. 바로 앞에 다른 사람의 얼굴이 있기 때문에 담론이 시작되는 것이다.

다른 사람의 얼굴이 자신에게 말을 걸어오면 바로 응답한다. 그것이 "상대에게 책임을 지게 되는 것"이라고 레비나스는 말한다. 응답은 영어로 'response', 책임은 'responsibility'다. 이 두 단어의 어원은 같으며, 응답과 책임은 원래 연결되어 있다.

그렇게 보면 전쟁이란 "상대방의 말에 응답하지 않고 그 책임도 지지 않겠다"라고 선언한 상태라고 할 수 있다. 현재 중동에서 벌어지는 분쟁도 이스라엘이 가자 지구 주민들의 얼굴을 보지 않고, 각각의 얼굴이 건네는 말에 응답할 책임을 외면한 상태라고 해석할 수 있을지 모른다. 레비나스는 유대인에 대한 홀로코스트에서 '얼굴'이라는 개념을 발전시켰다. 그런데 지금은 이스라엘의 침공으로 가자의 팔레스타인인들이 목숨을 잃고 있으니 매우 안타까운 일이다.

레비나스의 사고방식은 교직에 종사하는 내 입장에서 충분히 납득이 간다. 수업이나 강의에서 열심히 내 말을 듣는 학생들 한 명 한 명의 얼굴을 보면, 나도 그들의 기대에 부응하고 책임을 다해야 한다는 생각이 들어 긴장하게 된다. 다른 사람의 얼굴 앞에서 나는 성실해야 한다는 책임감을 느낀다.

일상생활에서 문제가 생겼을 때는 상대방과 얼굴을 마주치고 싶지 않다고 느낄 수도 있다. 하지만 그렇게 피하다 보면 더욱 단절되기만 할 뿐이다. 일단은 상대방의 얼굴을 보고, 담론을 시작해보자. 상대의 얼굴에 응답하는 것이 두 사람의 거리를 좁히는 첫걸음이다.

절망을 희망으로
바꾸는 힌트

무언가에 대한 절망은 아직 결코 진정한 절망이 아니다.

쇠렌 키르케고르(1813~1855) | **철학자**
『**죽음에 이르는 병**』 (이와나미문고)

● 반드시 필요한 절망도 있다

2019년 말부터 시작된 코로나 팬데믹은 사람들의 일과 사생활에도 광범위한 영향을 미쳤다. 당시 비즈니스와 생활에 타격을 받아 "앞으로 어떻게 될까?"라며 절망적인 기분을 느꼈던 사람도 있을 것이다. 하지만 앞으로도 그보다 더 강력한 미지의 바이러스가 발생하지 않을 것이라는 보장은 없다. 그러니 불확실한 세상을 살아가기 위해서 '절망과 올바르게 맞서는 방법'에 관하여 한 번쯤은 생각해두자. 참고할 만한 책은 쇠렌 키르케고르[Søren Kierkegaard]의 『죽음에 이르는 병』이다.

키르케고르는 19세기 철학자이자 실존주의의 창시자로 여겨지는 인물이다. 이 책은 그의 대표작 중 하나인데, 제목은 들어봤어도 그것이 무엇을 의미하는지까지는 아는 사람은 많지 않을 것이다.

키르케고르는 책에서 다음과 같이 기록한다.

죽음에 이르는 병은 절망이다.

이렇게만 들으면 부정적이고 어두운 내용이라는 느낌이 든다. 그러나 읽다 보면 그가 말하는 '절망'이 일반적으로 사용되는 이미지와는 상당히 다르다는 사실을 알 수 있다.

이 책의 첫머리에서 키르케고르는 이렇게 말한다.

자기란 자기 자신과 관계 맺는 관계다.

다소 이해하기 어려운 표현이지만, 누구나 무의식적으로 자신에게 무언가를 묻거나 말을 걸 때가 있을 것이다. 이처럼 '내가 나와 관계 맺으며 나 자신으로 존재하고자 하는 것'이 인간의 복잡성이다.

그럼에도 자기 자신이 되지 못하고, 이것은 진짜 나의 모습이 아니라고 느낄 때가 있다. 사람은 그럴 때 절망한다. 절망이란 '내가 나이고자 하는 사람이 걸리는 병'이라는 의미다.

다만 키르케고르는 절망을 단순한 불행이나 비참한 것으로 여기지 않는다. 오히려 절망하는 것을 '무한한 우월성'이라고 표현한다. 인간은 지성적인 존재이기 때문에 절망을 느끼는 것이며, 그 자체는 결코 나쁘지 않다는 것이다.

나아가 절망을 희망으로 바꾸는 가능성까지 이야기한다. 절망하는 사람은 '무언가'에 절망하는 것처럼 보이지만, 사실은 "자기 자신으로부터 빠져나오기 위해 몸부림치는 것이다"라고 말한다. 즉, 절망은 '지금의 나'가 아닌 '진정한 나'가 되려는 움직임이다.

상당히 긍정적인 사고방식이다. 절망했다고 해서 죽을 수는 없다. 죽어버리면 자기 자신에게서 벗어날 수 없기 때문이다.

● 고통 속에서만 나타나는 빛이 있다

키르케고르가 말하는 '무언가'는 외부 상황을 가리킨다. 시험에 떨어지거나 직장에서 실수했을 때, 즉시 "망했어"라고 말하는 사람이 있다. 사실 이것은 단지 눈앞의 상황이 착잡할 뿐이지 진정한 절망은 아니다. 키르케고르도 이렇게 단언한다.

무언가에 대한 절망은 아직 결코 진정한 절망이 아니다.

어떤 일이 잘 풀리지 않았다면 그것은 단순한 불운일 뿐이며 나의 노력이나 준비가 부족했기 때문에 발생한 결과에 지나지 않는다. 공부가 부족하면 시험에 떨어지고, 확인이 부족하면 일에서 실수가 발생하는 것은 당연한 일이다.

불합격이나 실수라는 상황을 한탄하는 것은 진정한 절망이 아니다. 진정한 절망이란 자기 자신에 대한 것이므로 공부나 노력이 부족했던 자신에게 절망해야 한다. 그것이 키르케고르의 메시지다.

나아가 어중간한 자기혐오가 아니라 철저하게 스스로 절망해야 한다는 것이 이 책의 가장 흥미로운 점이다. 사실은 자기가 부족하거나 잘못했다고 생각하지 않으면서 "아, 내가 싫어졌어"라는 식으로 투덜대는 정도는 진정한 절망이 아니다.

자기 자신에게 절망하는 것은 분명히 괴로운 일이다. 그러나 스스로를 부정하고 절망감을 느끼면서도 죽지 못하고 발버둥 칠 때만 문득 나타나는 빛이 있다. 그 빛은 무언가에 의해 '살아가게 된다'는 감각에 가까울지도 모른다. 그것이 보였을 때, 지금의 나로부터 벗어날 수 있는 길도 열린다.

절망이 희망으로 바뀔 가능성을 지니고 있다는 것은 다양한 이야기에서도 찾아볼 수 있다. 미야자와 겐지^{宮沢賢治}의 동화 『쏙독새의 별』에서는 못생긴 쏙독새가 나온다. 쏙독새는 매에게 괴롭힘을 당하고 "너를 죽이겠다"는 협박을 받는다. 그런 협박을 받으면서 정작 자기도 살기 위해 많은 벌레를 먹어 죽이고 있다는 사실에 절망한다.

지독한 절망에 시달리던 나머지 차라리 별이 되고 싶었던 쏙독새는 죽을 힘을 다해 높이 날아올라 태양과 별들에게 부탁하지만 모두 거절당하고, 이내 힘이 빠져 추락한다. 하지만 순간 반전이 일어난다. 쏙독새는 밤하늘 높이 아름답게 빛나며 타오르는 별이 된다. 자신에 대한 절망을 추진력으로 삼아 별들의 위치까지 오른 것이다.

키르케고르가 원류라고 알려진 실존주의 사상은 원래 '자신의 운명을 선택하는 것이 자기라는 증거'라고 주장하는 철학으로, 자신의 뜻으로 사물을 선택함으로써 인간은 스스로 운명을 개척할 수 있다는 긍정적인 사고방식이 그 바탕에 존재한다. 힘들고 절망적일수록 더 잘 보이는 것도 있다. 부디 그것을 긍정적인 힘으로 바꾸어 나가자.

남의 비난이
나의 삶을 꺾을 수는 없다

"과거는 과거예요. 다시 생각한다고 뭐가 달라지나요.
자, 이렇게 하면 전부 없었던 일로 만들 수 있어요!"

너새니얼 호손(1804~1864) | 작가
『주홍글씨』(고분샤고전신역문고)

● "너희 중 죄 없는 자만 돌을 던져라"

인터넷과 SNS의 보급으로 요즘 세상은 '비난 사회'라고 불려도 손색
이 없는 양상을 띤다. 사람들은 서로 감시하며 누군가 조금이라도 부
도덕한 행동을 하면 "저 사람이 이런 나쁜 행동을 하고 있다"고 인터넷
에 글을 올린다. 이것을 언론과 인터넷 뉴스가 받아 소란을 일으키며
특정 인물을 몰아세운다. 사회 전체가 비밀경찰이라도 된 듯하다.

물론 범죄로 이어지는 일이나 법률을 위반하는 행위는 용납될 수 없
다. 그러나 태어나서 지금까지 부도덕한 행동은 한 번도 해본 적이 없

사장의 문장들

다고 단언할 수 있는 사람이 과연 얼마나 될까. 예수 그리스도는 "너희들 중에 한 번도 죄를 지은 적이 없는 사람만 이 여자에게 돌을 던져라"라고 말했다. 이런 상황에서 자신은 다른 사람에게 돌을 던질 자격이 있다고 말하는 사람이 있을까.

이 문제를 생각하게 해주는 것이 너새니얼 호손^{Nathaniel Hawthorne}의 소설『주홍글씨』다. 호손은 19세기의 작가지만, 이 작품의 무대는 200년 정도 더 거슬러 올라간 17세기의 미국 뉴잉글랜드다. 호손은 청교도 집안에서 태어났는데, 청교도는 철저한 신앙과 순결, 금욕을 윤리 규범으로 삼는 교파다. 작품의 무대가 되는 뉴잉글랜드도 영국에서 들어온 청교도에 의해 발전한 지역이다.

소설은 불륜을 저질러 아이를 가지게 된 한 여성의 삶을 그린다. 제목인『주홍글씨』는 말 그대로 '붉은 글씨'를 의미한다. 주인공인 '헤스터 프린'은 혼외자를 출산한 죄로 유죄 판결을 받고, 가슴에 붉은 'A'라는 글자가 수놓인 옷을 입고 살아간다. 이 붉은 글자가 정확히 무엇을 의미하는지는 작품에서 명확하게 밝혀지지 않지만, 'Adultery(불의, 불륜)'의 머리글자라는 것은 쉽게 짐작할 수 있다.

원래 헤스터는 영국에 사는 기혼자였다. 그러나 학자인 남편은 연구를 위해 외국으로 떠난 후 오랜 세월 동안 소식이 없었기 때문에 그녀는 사실상 독신과 다름없었다.

그러던 중 헤스터는 어떤 남자를 만나 사랑에 빠져 아이를 가진다.

서류상으로는 전남편과 이혼하지 않았기 때문에 청교도의 규율에 따르면 벌을 받을 수밖에 없었다. 그녀는 마을 전체로부터 죄인으로 멸시받으며 부도덕한 여자라고 비난받는다.

그러나 헤스터는 상대 남성, 즉 아이의 아버지가 누구인지 물어도 그 이름을 절대로 말하지 않는다. 혼자 죄를 짊어질 각오가 되어 있었기 때문이다.

● 나쁜 평판은 얼마든지 뒤집을 수 있다

이 소설이 재미있는 점은 바로 여기서부터다. 감옥에서 나온 헤스터는 바느질로 생계를 꾸린다. 세상 사람들이 음란한 여자라고 비난하고 구타해도 불평 한마디 하지 않는다. 어린 딸과 자신이 먹고살 수만 있으면 좋겠다고 생각하며 검소한 생활을 이어간다. 그뿐만 아니라 아픈 사람이 있으면 앞장서서 간호하는 등 지역 사회에 도움이 되는 선행을 베풀기도 한다.

그러자 헤스터의 가슴에 붙어 있는 붉은 글씨를 원래의 의미로 해석하는 것은 이상하다고 생각하는 사람이 하나둘 나타났다. 'Angel(천사)'의 'A'라거나 'Able(유능)'의 'A'라고 말하는 사람이 있을 정도로 그녀를 호의적으로 보기 시작했다.

이렇게 가슴에 '주홍글씨'를 새긴 지 7년 후, 헤스터는 아이의 아버지이며 한때 사랑했던 남자에게 이렇게 말한다.

                                                                사장의 문장들

"과거는 과거예요. 다시 생각한다고 뭐가 달라지나요. 자, 이렇게 하면 전부 없었던 일로 만들 수 있어요!"

그러면서 자기 가슴에 있던 붉은 글자를 뜯어내어 던져버린다. 그 시점에서 헤스터는 이미 마을 사람들로부터 호의적인 평가를 받고 있었다. 7년 동안이나 비난받는 와중에도 그녀의 자유로운 지성과 감성은 그녀를 더욱 강하게 만들었다. 처음에는 절대악이었던 'A'의 의미가 그녀의 삶에 의해 점차 변해가는 것이 이 작품의 백미다.

『주홍글씨』는 1850년에 발표된 소설로, 시대적 배경은 현대사회와 전혀 다르다. 그럼에도 이야기의 설정은 오늘날 지나치게 과열된 '비난 사회'와 통하는 부분이 있어 우리도 배울 점이 있다.

예를 들어 불상사로 비난받은 개그맨이 있다고 하자. 시청자들이 "이런 부도덕한 사람은 방송 프로그램에서 보고 싶지 않다"라고 말하는 것은 자연스러운 감정이며, 수요가 없으면 개그맨으로서의 출연 기회가 사라져도 어쩔 수 없다.

그러나 극장에서 콩트를 선보이는 것은 이야기가 다르다. 관객들도 스스로 원해서 공연을 보러 온 것이니까 "부도덕한 행동을 하기는 했지만 그래도 당신의 개그는 마음에 들어요"라고 생각할 수도 있다.

실패하거나 그로 인해 불행한 상황이 발생하더라도 두 번째 기회는 있다. 헤스터 프린으로부터 그런 삶의 방식이 있다는 것을 배워보자.

복수심은 때로
강한 추진력이 된다

"너는 내게 죽임을 당했다고 말했지. 그렇다면 내게 들러붙어봐!"

에밀리 브론테(1818~1848) | 작가
『폭풍의 언덕』(신초문고)

● **패배의 감정을 에너지로 바꾼다**

여러분은 누군가에게 본때를 보여주겠다는 생각을 해본 적이 있을까. 과거 세이부 라이온스 시절의 투수 마쓰자카 다이스케^{松坂大輔}는 치바 롯데 마린즈와의 경기에서 패배한 후, "리벤지하겠습니다"라고 발언한 적이 있다. 이후 재경기에서 완봉승을 거두며 선언한 바를 멋지게 실천했다. 이것을 계기로 '리벤지'라는 말이 유행하게 되었는데, '복수'나 '되갚음'이라는 부정적인 의미로 사용되는 경우가 많은 듯하다.

그러나 스포츠계에서는 '한 번 패배한 상대에게 재도전하여 설욕함'

이라는 긍정적인 의미로 사용된다. 경기를 하다 보면 이전의 자신에게 부족한 부분이 있거나 실력을 마음껏 발휘하지 못하는 등 나름의 아쉬운 사정으로 패배할 때가 있다. 그러나 좌절하지 않고 다음에는 본때를 보여주겠다는 마음을 에너지로 바꾸어 앞으로 나아간다. 이것이 살아가기 위해 필요한 리벤지, 즉 '복수심'이 아닐까.

약 170년 전에 출판되어 지금도 불후의 명작으로 읽히는 에밀리 브론테Emily Bronte의 작품 『폭풍의 언덕』에는 '히스클리프'라는 이름의 복수심 넘치는 남자가 등장한다. 그는 어린 시절 영국 외딴 시골에 있는 저택으로 입양되어 의지할 곳 없는 자신을 보살펴준 주인의 딸 '캐서린'과 함께 자란다.

두 사람은 어느새 서로에게 연정을 품게 된다. 하지만 결혼할 나이가 된 캐서린에게 혼사 제의가 들어오고, 결국 다른 남자에게 시집을 간다. 절망한 히스클리프는 그 길로 저택을 떠난다. 그리고 3년 후 막대한 부를 얻은 신사로 돌아와 캐서린과 재회한다.

이후의 전개는 '사랑과 전쟁, 세기의 복수전'이라고 불려도 손색없는 장면의 연속이다. 물론 히스클리프는 캐서린을 변함없이 사랑하고 있었다. 사실 캐서린도 "히스클리프와 나의 영혼은 하나"라고 말할 정도로 둘의 사랑을 절대적인 것으로 느끼고 있었다.

그러나 서로 마음이 통하기는커녕 히스클리프는 그녀가 다른 남자를 선택한 데에 대한 분노를 쏟아내고 캐서린도 그에 맞선다. 두 사람

사이 '사랑과 전쟁'은 점점 달아오르는데, 이 장면이 꽤 볼만하다.

> "캐시, 왜 나를 버렸어? (중략) 나를 사랑했잖아. 무슨 권리
> 로 나를 버렸어?"
> "너도 나를 버렸잖아, 히스클리프. 하지만 나는 그걸 탓하
> 지 않고 용서했어. 그러니까 너도 용서해!"

강한 펀치를 맞으면 같은 힘으로 받아친다. 히스클리프의 복수심도 상당하지만, 캐서린도 그에 못지 않게 에너지가 넘친다. 이렇게 꼭 닮은 둘이 결혼했다면 힘의 균형이 잘 잡힌 부부가 되었을 것이다.

이야기는 캐서린과 그녀의 조카들 세대까지 이어진다. 캐서린은 이야기 중반에 세상을 떠나는데, 그녀의 죽음을 알게 된 히스클리프의 반응 역시 강렬하다. 그는 이렇게 소리친다.

> "캐서린! 내가 살아있는 동안 너는 결코 편안하게 잠들 수
> 없을 거야! 너는 내게 죽임을 당했다고 말했지. 그렇다면
> 내게 들러붙어봐!"

상대는 이미 죽었는데 천국에서 편히 잠드는 것조차 허락하지 않고 자신에게 달라붙어 보라고 외치는 히스클리프. 무덤까지 따라가겠다

는 엄청난 기세다. 그 복수심이 너무 강해서 이건 비극이 아니라 일종의 코미디처럼 느껴질 정도다.

그럼에도 분명하게 말할 수 있는 것은 히스클리프의 원동력은 캐서린을 향한 변함없는 사랑이라는 것이다. 그가 캐서린의 남편을 이런식으로 깎아내리는 장면이 있다.

"그 멍청한 놈이 있는 힘껏 사랑한다고 해도, 80년 동안 사랑한다고 해도, 내 하루치만큼도 사랑할 수 없어."

남들이 사랑이라고 부르는 것과는 비교가 안 될 정도로 캐서린에 대한 자신의 사랑은 깊고 숭고하다고, 히스클리프는 그렇게 말하고 싶었던 것이 아닐까.

● 좌절감을 추진력으로 폭발시키다

히스클리프가 지나친 면도 있기는 하지만, 젊은 시절에 이루지 못한 것에 대한 아쉬움을 복수심으로 바꾸어 무언가를 이루는 원동력으로 삼는 것은 나쁜 일이 아니다. 예를 들어 학창 시절에 좋아했던 상대에게 관심을 받지 못했던 사람이 "다음에 만날 때는 네가 '이 사람과 결혼해야 했어'라고 후회할 정도로 멋진 사람이 될 거야"라고 마음먹을 수도 있다. 그 결심을 바탕으로 열심히 노력한다면 사업에 성공하거나 높은 사회적 지위를 얻는 것도 가능하다.

나도 젊은 시절부터 언젠가 내 책을 내고 싶다고 생각했지만, 33세라는 나이가 될 때까지 제대로 된 직장 하나 구하지 못했었다. 간신히 책을 출판할 수 있었던 것은 40대로 접어들 무렵이었다. 뜻이 이루어지지 않는 시간이 길었기 때문에 내 안에 복수심이 쌓일 수 있었다. 그리고 기회가 왔을 때 그 힘을 단번에 폭발시킬 수 있었다.

여러분도 과거에 잘 풀리지 않았던 일이나 이루지 못한 일이 있을지도 모른다. 그 아쉬움을 복수심으로 바꾸어 다시 한번 꿈과 목표를 좇는 에너지로 삼아보자.

비관주의자는
어떤 별도 발견하지 못한다

"나도 푸념은 하지 않겠어. 이건 일종의 전쟁이라고 생각할 거야."

프랜시스 호지슨 버넷(1849~1924) | 소설가
『소공녀』(고분샤고전신역문고)

● 누더기를 입어도 품위는 잃지 않도록

살다 보면 역경은 여러 번 찾아온다. 직장에서도, 개인적으로도 잘 풀리지 않는 일들이 계속되면 자신의 불운을 한탄하고 싶어질지도 모른다. 그렇다고 그대로 무릎 꿇으면 그 경험은 그저 괴로운 기억으로 끝나버린다. 반면에 눈앞의 어려움과 고난에 맞서면 불행한 상황을 극복할 수 있는 강인함이 길러진다. 즉, 역경에 어떻게 대처하느냐에 따라 그 사건이 지닌 의미는 크게 달라진다.

미국 작가 프랜시스 호지슨 버넷^{Frances Hodgson Burnett}의 대표작인 『소공

녀』는 19세기 런던을 무대로, 역경에 맞서는 소녀의 모습을 그린 아동 문학의 고전 명작이다. 일본에서는 1980년대에 「소공녀 세라」라는 제목의 애니메이션으로도 제작되어 본 사람이 많을 것이다.

부유한 집안에서 태어난 주인공 '세라'는 일곱 살에 입학한 기숙학교에서도 특별 대우를 받는다. 그 이유는 학교 측이 자산가인 그녀의 아버지로부터 고액의 기부를 받을 수 있으리라 기대했기 때문이었다. 그러나 세라가 열한 살이 되던 해 인도에서 다이아몬드 광산 사업을 하던 아버지의 사망과 함께 파산 소식이 전해진다. 이것이 그녀가 겪게 되는 역경의 시작이다.

세라의 집안이 빈털터리가 된 것을 알게 된 기숙학교 원장은 그녀의 소지품을 모두 빼앗고, 추운 다락방에서 하녀로 살도록 명령한다. 더는 학생으로서 수업을 들을 수 없고 하녀로 혹사당하게 된다. 그때까지 세라를 공주님처럼 모시던 학생들과 하인들도 그녀를 무례하게 대한다. 하지만 그녀는 묵묵히 주어진 일을 하며 자신의 고통과 고민은 절대로 내색하지 않는다.

"병사는 나약한 말을 하지 않는 거야." 세라는 이를 악물고 중얼거렸다. "나도 푸념은 하지 않겠어. 이건 일종의 전쟁이라고 생각할 거야."

뜻밖의 불행을 겪고도 그녀가 강하게 버틸 수 있었던 이유는 두 가지다. 먼저, 상상력이다. 세라는 자신이 생활하는 다락방을 전혀 다른 장소로 바꾸어 상상하는 '공상 놀이'를 생각해낸다. 그녀가 떠올린 것은 바스티유 감옥이었다. 자신은 감옥에 몇 년간 갇혀서 사람들로부터 완전히 잊힌 존재라고 생각한 것이다.

> "그런 '공상 놀이'를 하면 돼. 그렇게 하면 훨씬 편하게 견딜 수 있어"

프랑스 혁명 전 바스티유 감옥에는 왕정을 비판하는 많은 사람이 정치범으로 투옥되어 있었다. 세라는 자신을 그런 죄수들과 겹쳐 보며 "나는 아무 잘못도 하지 않았으니까 언젠가 혁명으로 해방될 거야"라고 공상했다. 또 감옥에 갇힌 마리 앙투아네트를 떠올리며 이렇게 중얼거리는 장면도 있다.

> "비록 누더기를 입은 공주라고 해도 마음만은 진정한 공주로 있을 수 있어"

혹독한 상황에서도 품위 있게 산 사람들의 모습을 상상하며 자신도 품위를 잃지 않겠다고 강하게 마음먹는다.

● 칼바람 같은 시련 속에서 마주한 '진정한 나'

세라가 역경 속에서도 굴하지 않을 수 있었던 또 다른 이유는 친구라는 존재였다. "역경이 닥치면 누가 진정한 친구인지 알 수 있다"는 말이 있듯이 주변 사람들이 손바닥 뒤집듯 태도를 바꾸던 와중에도 예전처럼 변함없이 세라를 대한 세 명의 소녀가 있었다. 공부를 못하는 열등생 '어멘가드', 울보 후배 '로티', 허드렛일하는 소녀 '베키'다.

세라가 하녀 신분으로 전락한 직후, 그녀 자신도 비참함을 견디지 못하고 어멘가드를 피하던 시기가 있었다. 그래도 용기를 내어 다락방을 찾아와 친구가 되어 달라고 눈물을 흘리며 애원하는 어멘가드에게 세라는 이렇게 말을 건넨다.

> "너는 나보다 더 좋은 사람이야. 나는 자존심이 너무 강해서 친구에게 말을 걸 용기가 없었어. 보라구, 시련이 찾아온 덕분에 내가 좋은 아이가 아니라는 사실을 알게 되었어. (중략) 시련이 찾아온 이유는 그 때문이었다고 생각해."

인간은 시련이 닥쳤을 때 비로소 자신의 약점과 부족한 점을 깨닫는다는 뜻이다. 시련이 닥치면 우리는 지금 나에게 부족한 것을 알게 된다. 그리고 그것을 보충하기 위해 어떻게 하면 좋을지 끊임없이 고민하고 노력한다. 이런 과정을 통해 시련을 극복해나갈 수 있다.

 　　　　　　　　　　　　　　　　사장의 문장들

업무에서도 마찬가지다. 실패도 바라보는 시각을 바꾸면 자신의 약점이나 서투른 점을 극복할 기회로 받아들일 수 있다. 세라처럼 이 시련은 진정한 나를 알기 위해 찾아왔다고 생각하면 스스로를 더 나은 방향으로 성장시켜 나아갈 수 있다.

이 작품은 아동문학이지만 어른에게도 용기를 준다. 나는 나카니시 레이^{なかにし礼} 가 작사한 애니메이션 판 「소공녀 세라」의 주제가 「꽃의 속삭임」을 매우 좋아해서 성인이 된 이후에도 자주 듣고 힘을 얻었다. 여러분도 어려움에 부닥치게 되면 반드시 세라와 같은 강한 정신력으로 맞서길 바란다.

삶의 만족은
돈에서 오지 않는다

어쩔 수 없으니까 아무리 먼 곳이라도 걸어가는 거야.

고콘테이 신쇼(1890~1973) | 만담가
『민달팽이 함대』(치쿠마문고)

● 돈이 없다고 좌절하기 전에

현대인은 무엇이든 돈이 있는지 없는지를 기준으로 판단하는 버릇이 생긴 것 같다. 실제로 돈이 없기 때문에 하고 싶었던 일을 지레 포기해본 사람은 많을 것이다.

하지만 인류의 과거를 떠올려보자. 역사를 되돌아보면 소수의 귀족을 제외하고는 인간은 대체로 오랜 세월 동안 가난하게 살아왔다. 그러니 옛날 사람들이 가난을 대하는 방법을 알면 우리는 돈이 없어도 희망을 품는 방법을 배울 수 있다.

메이지 시대부터 쇼와 시대에 걸쳐 활약한 만담가 고콘테이 신쇼^{古今}亭志ん生는 가난 속에서 재미를 발견하는 명인이었다. 그가 자신의 반생을 이야기한 『민달팽이 함대』라는 책이 있다. 돈이 없던 시절 살았던 공동주택에 마치 함대처럼 많은 양의 민달팽이가 기어다녔다는 일화에서 유래된 제목이다.

가난으로 인한 열악한 주거환경조차 유머러스한 표현으로 재미있게 만들어버리는 것이 신쇼답다. 현실은 변하지 않아도 어떻게 받아들이는가에 따라 그 의미는 달라진다.

이 책에서 신쇼는 이렇게 말한다.

> 가난도 이 지경까지 오면 말이야. 부부가 헤어진다든지 가출한다든지 생각할 여지도 없어지고, 언젠가는 어떻게 되겠지 (중략) 편해지는 날이 오겠지, 희미한 희망을 가슴에 품고 살아남아 온 거야.

이처럼 가난에 시달리면서도 '어떻게든 될 것'이라는 희망을 품을 수 있는 정신력이야말로 현대인이 배워야 할 점이 아닐까.

신쇼는 돈은 없어도 시간을 잘 활용하는 사람이었다. 예를 들어 전차 요금을 내면 밥을 먹을 돈이 없어져 버리기 때문에 이런 생활을 했다고 이야기한다.

어쩔 수 없으니까 아무리 먼 곳이라도 걸어가는 거야. 걷는
다고 해도 그냥 멍하니 걷는 것이 아니라 만담 연습을 하면
서 걷는 거지. 이게 또 만담을 외우기에는 최고거든.

걷는 시간은 언뜻 쓸데없는 시간 낭비처럼 보이지만, 만담 연습에
활용하면 실력을 갈고닦을 수 있다. 신쇼는 가난이라는 핑계를 대지
않고도 살아가는 지혜와 방법을 터득한 것이다.

나도 대학을 졸업한 뒤, 오랜 시간 동안 일정한 직업을 갖지 못했다.
더구나 그사이에 아이가 두 명이나 태어나 돈이 없는 불안한 생활을
뼈저리게 경험했다. 이 시기를 정말 좋아하는 모차르트의 CD를 들으
면서 버텼다. 모차르트라는 압도적 가치를 지닌 존재와 내가 연결되는
것으로 이 세상은 살만한 가치가 있다고 생각할 수 있었다.

돈이 없다고 해서 희망까지 없는 것은 아니다. 돈이 없어도 얼마든
지 긍정적으로 살 수 있다. 옛사람들에게 그 지혜를 배웠으면 한다.

죽음도 두렵지 않으니
못 할 일이 없다

아침저녁으로 죽고 죽어 늘 죽은 몸이 되었을 때,
무도에서 자유를 얻어 평생 실수 없이 가업을 다할 수 있는 법이다.

야마모토 쓰네토모(1659~1719) | 무사
『하가쿠레』(이와나미문고)

● 죽고자 하면 살 것이고, 살고자 하면 죽을 것이다

현대사회는 스트레스 사회다. 특히 요즘은 세계적인 정세 악화나 경제적 불안 때문에 근심과 짜증을 안고 사는 사람이 많다. 하지만 생각해보면 지금 시대만 스트레스가 과다한 것은 아니다. 예를 들어 에도 시대에 살았던 무사들도 그야말로 엄청난 스트레스에 시달렸다. 조금이라도 실수하면 즉시 할복을 명령받거나 참수를 당해야 했으니, 매일 엄청난 정신적 부담에 짓눌려 살아야 했을 것이다.

그런 시대에 무사들은 어떻게 평정심을 유지하며 강하게 살아남았을까. 그것을 가르쳐주는 것이『하가쿠레^{葉隠}』다. 무사로서 어떻게 살아야 하는지를 설명한 이 책은 에도 시대 중기 사가 나베시마번(현재 일본의 사가현)의 무사인 야마모토 쓰네토모^{山本常朝}의 구술 기록이다.

경제학자 니토베 이나조^{新渡戸稲造}는 무사도야말로 일본인의 정신적 지주이며, 그 진수를 가장 잘 나타낸 것이『하가쿠레』라고 평했다. 시대는 달라도 배워야 할 점이 많아 외면하기에는 아까운 책이다.

『하가쿠레』에서 유명한 구절이 바로 이 구절이다.

> 무사도란, 죽음이로다.

사람들이 이것을 '깨끗하게 죽는 것이 무사의 미학이다'라는 뜻으로 생각하지만, 그것은 오해다. 이 말은 죽음을 권하는 것이 아니라 언제든 죽을 각오가 되어 있으면 결국 그것이 더 나은 삶으로 이어진다는 뜻이다. 즉, 죽기 위해서가 아니라 오히려 살기 위해서 가져야 할 마음가짐을 설명하려 한 것이다.

이는『하가쿠레』의 중심사상이라고 말할 수 있는 중요한 메시지다. 이 사상을 더욱 깊이 이해할 수 있는 한 문장이 있다.

> 아침저녁으로 죽고 죽어 늘 죽은 몸이 되었을 때, 무도에서
> 자유를 얻어 평생 실수 없이 가업을 다할 수 있는 법이다.

매일 아침저녁으로 죽음을 마음에 그려보며 언제든 죽을 준비를 한다. 그렇게 항상 죽은 몸과 다름없는 상태가 되었을 때, 마치 무사도와 내 몸이 하나가 된 것처럼 느껴진다. 이 상태에서 오히려 자유로워지고 일생 동안 해야 할 일을 실수 없이 완수할 수 있다. 즉, 죽을 각오로 임하면 결심이 굳어져 맡은 일도 실수 없이 해낼 수 있다는 뜻이다.

이 사고방식은 궁극의 스트레스 대처법이라고도 말할 수 있다. 매일 아침저녁으로 죽을 각오를 다짐으로써 스트레스에 대한 내성을 극한까지 높인다. 그리고 당장 죽어도 상관없다는 마음가짐으로 일에 임하면 배짱이 생겨 무사히 일을 처리할 수 있다. 그래서 오히려 스트레스는 줄어든다. 그야말로 역발상이다.

죽을 각오를 함으로써 발생하는 이 긍정성을 이해하면 앞서 소개한 '죽음을 아는 것'이라는 말의 참뜻도 파악하기 쉽다. 삶과 죽음 중 하나를 선택해야 한다면 먼저 죽음을 선택한다. 그러면 각오가 생겨 쓸데없는 생각을 하지 않고 오로지 앞으로 돌진할 수 있다. 그것이야말로 무사의 삶이다.

삶에 집착하니까 힘들어진다. 죽음을 각오하면 오히려 편해진다. 그런 신비로운 역설이 존재한다는 사실을 『하가쿠레』는 가르쳐준다. 우리도 힘든 상황에 놓였을 때 죽음을 각오하고 맞선다면 아무것도 두렵지 않은 경지에 도달할 수 있지 않을까.

● 곤란한 상황을 오히려 기다리다

죽느냐 사느냐의 선택까지는 아니더라도 우리는 어느 한쪽을 선택해야 하는 상황에 자주 직면한다. 예를 들어 편한 일과 어려운 일이 있다면 인간은 어쩔 수 없이 편한 일을 선택하는 경향이 있다. 그러나 어렵고 번거롭다고 피하다 보면 스트레스에 대한 내성이 점차 떨어져 작은 일에도 마음이 흔들린다.

반대로 각오하고 어려운 일을 선택하면 눈앞의 장애를 극복하기 위해 정신없이 노력하는 사이에 어느새 어지간해서는 휘둘리지 않는 강인한 마음이 길러진다. 현대사회를 사는 직장인도 이런 무사도를 본받아 굳이 힘든 길을 선택하는 습관을 들이면 스트레스에 휘둘리지 않는 정신력을 기를 수 있을 것이다. 『하가쿠레』에는 이런 문장도 있다.

큰 어려움과 큰 변고를 만나도 동요하지 않는 것만으로는 아직 부족하니라. 큰 변고를 만나거든 환희하여, 춤추듯 기뻐하며 용맹스레 나아가야 하느니라.

문제가 생겼을 때 동요하지 않는 정도로는 충분하지 않다는 것이다. 어려움에 부닥치면 오히려 "기다렸다!" 하고 춤이라도 출 듯이 기뻐해야 한다니, 역시 무사답다.

에도 시대의 무사는 평소에 사무적인 일을 처리하는 관리였지만 자신들의 본분은 싸우는 것이라는 사실을 잊지 않았다. 그래서 무슨 일이 생기면 "드디어 때가 왔다!"라고 기뻐하며 기꺼이 뛰쳐나갈 각오를 항상 가지고 있었다.

업무에서 문제가 생기면 "좋아, 왔어!"라고 마음속으로 외치고 스스로 나서서 어려움을 맞이한다. 우리도 그런 기개를 갖추어두자.

극한의 상황에서 빛난
인간의 힘

보잘것없는 인간이 고뇌 덕분에 자라나는 순간,
그 마음의 길을 따라가려 한다.

스베틀라나 알렉시예비치(1948~) | 저널리스트, 작가
『전쟁은 여자의 얼굴을 하지 않았다』(이와나미현대문고)

● **군홧발로도 짓밟지 못한 강인한 마음**

역사를 돌아보면 헤아리기 어려울 만큼 가혹한 현실을 견딘 사람들이 상당히 많다. 문득 그 사실을 깨달으면 힘들고 어려운 상황에서도 나는 아직 괜찮다는 위안을 얻어 마음이 가벼워지기도 한다.

『전쟁은 여자의 얼굴을 하고 있지 않다』는 오랫동안 역사의 그늘에 묻혀 알려지지 않은 전쟁 이야기를 담은 책이다. 2015년 노벨문학상을 받은 우크라이나 출신의 저널리스트 스베틀라나 알렉시예비치[Svetlana Alexievich]가 쓴 논픽션으로, 제2차 세계대전에 참전한 소련군 여성들을 인터뷰하고, 그들의 목소리를 통해서 전쟁의 진실에 다가간다.

소련의 종군 여성들은 다른 나라처럼 간호사나 군의관으로만 활동한 것이 아니라 직접 무기를 들고 전투 요원으로 실전에 참여했다. 그 수는 백만 명이 넘는다고 한다. 하지만 전쟁 후에는 사회로부터 차별적인 시선을 받았기 때문에 여성들은 자신의 전쟁 경험을 철저히 숨겼다.

알렉시예비치는 이 '숨겨진 여성들의 이야기'를 밝히고 싶다는 강한 열망에 사로잡혀 1978년부터 500명이 넘는 종군 여성을 인터뷰했고, 그 생생한 증언을 정리한 것이 이 책이다.

하지만 출판은 쉽지 않았다. 알렉시예비치는 출판을 계속 거절당했다. 전쟁이 너무 끔찍하게 묘사되어 있고, 공산당이 리더십을 발휘하는 장면이 없었기 때문이다. 이것은 소련이 영웅적 승리를 거둔 전쟁이 아니었기 때문에 어디에서도 출판할 수 없었다. 그럼에도 알렉시예비치는 이 여성들의 목소리야말로 진실이라고 확신했다.

단순히 녹음하고 받아쓰기만 한 것이 아니다. 보잘것없는 인간이 고뇌 덕분에 자라나는 순간, 그 마음의 길을 따라가려 한다.

인간은 작은 존재지만, 내면에는 엄청난 잠재력을 품고 있다. 학대당하고 짓밟히고 모욕받으면서도 가혹한 시대를 헤쳐 나간 여성 한 명

한 명의 고뇌야말로 공산주의보다 훨씬 더 거대한 사상적 가치가 있다
고 생각한 것이다.

● 가혹한 운명에 대처하는 인간의 강인함

알렉시예비치가 밝힌 여성들의 체험은 무섭고 비참하다. 비유를 하
자면, 고무공이라고 생각하고 가볍게 받아 든 것이 실은 포탄이어서
그 무게 때문에 손이 땅에 내리쳐지는 느낌이다. 이 책에는 그 정도의
충격이 있다. 증언 하나하나는 짧게 정리되어 있지만 운명의 무게가
묵직하게 느껴지는 내용이 이어진다.

빨치산^{partizan} 병사로 싸운 여성은 그 전쟁의 경험이 충격적이었던 이
유에 대해 "아군 포로가 적에게 참살당하는 장면을 보고 나서야 비로
소 진정한 증오의 감정을 알게 되었기 때문"이라고 회상한다.

> "우리 군 포로들의 행렬…… 여기저기 시체들이 나뒹굴고
> 있었어요……. 수백 구씩…… 기력이 다해 쓰러지는 사람
> 은 그 자리에서 총살당했습니다. (중략) 모두가 시체와 함께
> 살았던 거예요."

16살의 나이에 종군을 자원한 여성은 야전병원에서 이런 장면을 보
았다고 한다.

“커다란 통이 놓여 있고, 거기에 잘린 손과 발을 넣어 두었
더군요…… (중략) 대위가 칸막이 뒤로 가서 그 통을 보고 말
았습니다……. 대위는 기절해버렸습니다.”

또 다른 여성은 독일 병사와의 지옥 같은 백병전 속에서 이런 동료
의 목소리를 들었다.

“나는 피투성이였어요. 그때 고참 병사가 다가와 나를 껴안
았습니다. 그러면서 말하더군요. ‘전쟁이 끝나서 살아남는
다고 해도 이 아이는 이제 인간으로 돌아갈 수 없어. 이것으
로 끝이야.’”

이 말대로 전쟁 체험은 여성들의 이후 인생을 크게 바꾸어 놓았다.

“전쟁 때문에 인간은 마음이 늙어갑니다. 전쟁이 끝난 뒤,
저는 두 번 다시 젊은 소녀로 돌아갈 수 없었어요.”

“지금 돌이켜보면 그건 내가 아니었던 것 같아요. 다른 여
자아이였다는 느낌이 듭니다.”

우리가 이런 증언에서 배워야 할 것은 자신의 운명과 맞서는 자세다. 여성들의 눈앞에는 '전쟁'이라는 운명이 있었고, 그들은 나라를 지키기 위해 종군하기로 결단을 내렸다. 그중에는 가족의 반대를 무릅쓰거나 정식으로 종군이 허가되는 18세가 되지 않았는데도 스스로 지원한 여성들이 많았다.

그러나 그렇게 자원했다고 해도 그 앞에는 상상을 초월하는 비참한 상황이 그들을 기다리고 있었다. 그들이 나이를 먹은 뒤 자신의 선택을 어떻게 되돌아보고 있는지 꼭 이런 관점에서도 읽어보기를 바란다.

종군 여성들의 체험은 현대사회를 사는 우리가 상상도 할 수 없을 정도로 가혹하고 비참하다. 그들은 그런 체험을 내면에서 어떻게 승화시키고, 그 후에 어떻게 강인한 삶을 살아낼 수 있었을까.

지금 운명에 휘둘리고 있는 사람이 있다면 이 책이 현재의 나를 냉정하게 돌아보고, 미래의 삶과 연결하는 데 많은 도움이 되지 않을까.

운명이
우리를 속일지라도

모멸을 통해 극복하지 못할 운명은 없는 법이다.

알베르 카뮈(1913~1960) | 소설가
『시지프 신화』(신초문고)

● 부조리한 세상에 무릎 꿇지 않도록

무의미해 보이는 일을 맡게 되거나 아무도 하고 싶어 하지 않는 일을 강요당했을 때 인간은 부조리를 느끼기 마련이다. 하지만 생각해보면 애초에 이 세상은 원래 부조리하다. 그렇다면 우리는 이 부조리한 세상을 어떻게 살아야 할까.

그 힌트가 되는 것이 알베르 카뮈^{Albert Camus}의 『시지프 신화』다. 대표작인 『이방인』, 『페스트』를 비롯해 부조리를 주제로 많은 작품을 쓴 카뮈지만, 이 짧은 에세이는 '부조리의 철학'을 가장 단적으로 보여준다.

시지프^{Sisyphus, 시시포스}는 그리스 신화에 등장하는 인물이다. 신들의 분노를 산 그에게 주어진 형벌은 큰 바위를 산꼭대기로 밀어 올리는 일이다. 하지만 산꼭대기로 겨우 바위를 옮긴 순간, 바위는 다시 저 아래까지 굴러떨어지고 만다. 시지프는 그 바위를 따라 산을 내려가 다시 산꼭대기로 밀어 올리는 무의미한 노동을 수백 번이나 반복한다.

이것이야말로 부조리의 극치다. 보통 사람이라면 당연히 절망할 것이다. 하지만 시지프는 묵묵히 이 노동을 이어간다. 카뮈는 그 모습을 '부조리의 영웅'이라고 평가하며 이렇게 결론짓는다.

모멸을 통해 극복하지 못할 운명은 없는 법이다.

카뮈가 말하는 '모멸'이란 '운명에 아랑곳하지 않는 것'이다. 시지프는 자신이 비참한 존재라는 것을 알고 있으며 운명이 부조리하다는 사실도 받아들인다. 그러면서도 "그래서 어쩌라고?"라는 식으로 위에서 내려다보듯이 운명을 경멸한다. 그는 결코 운명에 짓눌리지 않는다.

무의미해 보이는 일을 맡게 되었을 때 그저 불평만 하는 사람이나 그대로 포기하는 사람은 운명에 짓눌린 것이다. 그중에는 "나는 운이 없어", "나는 살 가치가 없어"라며 스스로를 몰아붙이는 사람도 있다. 그러나 세상은 원래 불합리하고 부조리한 것이기 때문에 우선은 시지프처럼 현실을 냉정하게 받아들여야 한다. 그런 다음 "부조리 속에서

사장의 문장들

도 선택은 할 수 있다"고 생각해보자.

예를 들어 아무도 하고 싶어 하지 않지만 누군가는 해야 하는 일이 생겼을 때, 그것을 기피할 것인지 아니면 기꺼이 맡을 것인지 정도의 선택은 할 수 있다. 후자를 선택한다면 다음에 비슷한 일이 생겼을 때 주변 사람들이 "지난번에는 그쪽에서 맡아주셨죠. 이번에는 제가 처리하겠습니다"라는 식으로 도움을 주기도 할 것이다. 그렇게 모두가 기분 좋게 일하는 경험, 그래서 좋은 결과가 나오는 경험을 나는 이미 여러 번 한 적 있다.

즉, 스스로 선택하면 운명에 짓눌리지 않고 맞서 싸울 수 있다. 우리에게는 항상 선택할 자유가 주어진다는 사실을 잊지 말아야 한다.

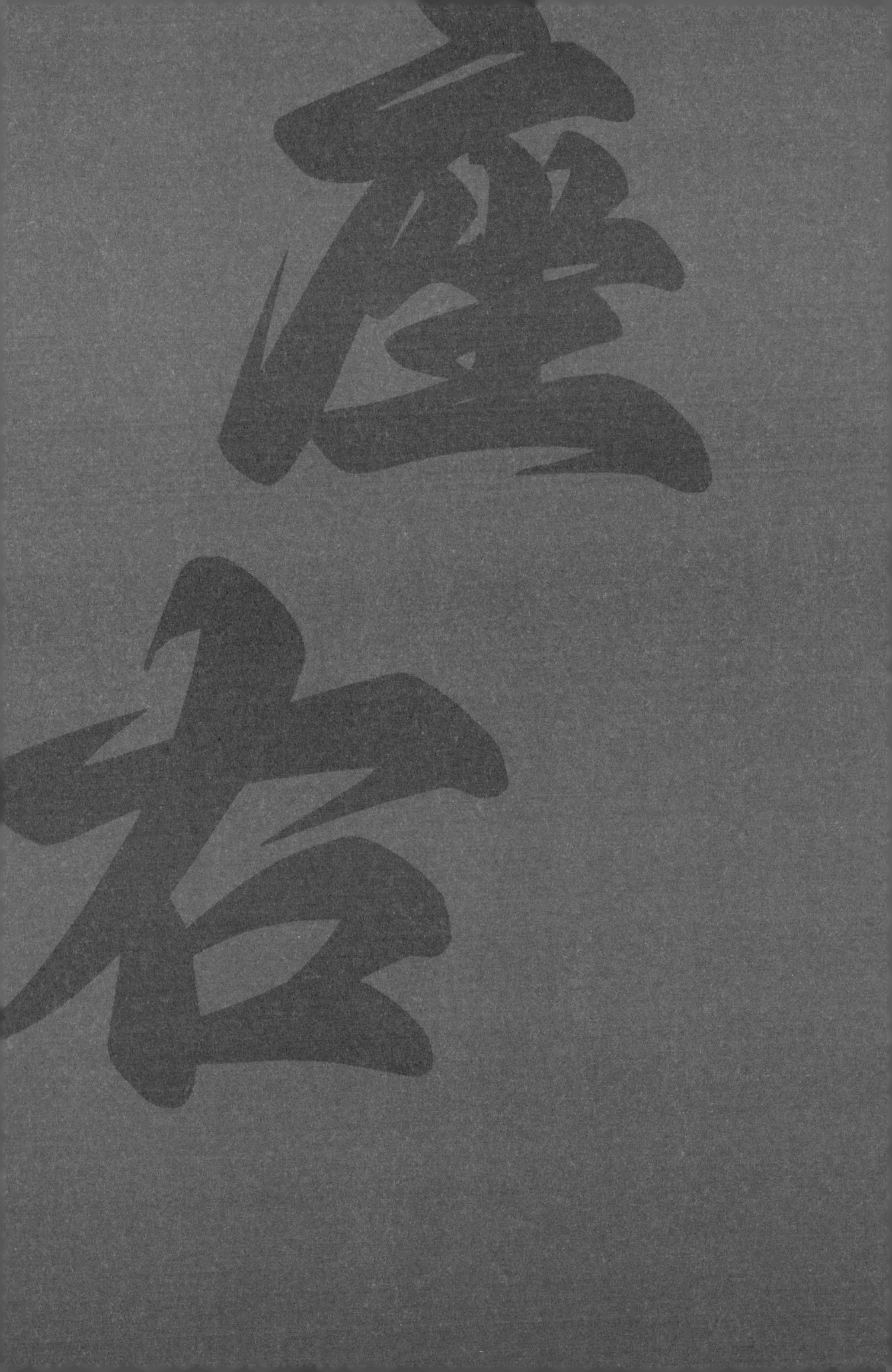

정신의 충족

<h1 style="text-align:center">있는 그대로
나를 보라</h1>

어쩔 도리 없는
내가 걷고 있다

타네다 산토카(1882~1940) | 하이쿠 시인
『산토카 시집』(치쿠마문고)

● 사람들에게 인정받지 못할 때 스스로를 긍정하는 기술

요새는 자기 자신을 긍정하는 능력, 즉 '자기긍정력'이 낮은 경향이 있다고 한다. 확실히 옆에서 보면 꽤 유능한 사람인데 본인은 의외로 자신이 없는, 그런 사람이 많은 것 같다.

하지만 자기긍정력이 낮아 쉽게 우울해지는 사람이 있으면 주변 사람들이 힘들어진다. "넌 항상 열심히 해서 대단해", "잘하고 있어. 걱정하지 마"라는 식으로 늘 격려해주고 신경 써줘야 해서 수고가 많이 들기 때문이다. 그러다 보면 이번에는 주변 사람들이 많은 에너지를 소모하고 지쳐버린다. 이것은 본인은 물론이고, 팀에게도 결코 좋은 일이 아니다. 따라서 남들이 칭찬하거나 격려해주지 않더라도 자기긍정력을 높이는 기술을 갖는 것이 중요하다.

운율에 얽매이지 않고 자유롭게 시를 짓는 '자유율 하이쿠^{自由律 俳句}'의 시인으로 인기가 높은 타네다 산토카^{種田山頭火}는 자기긍정의 달인이었다. 술을 너무 좋아해서 처자식이 있는데도 일을 거의 하지 않아서 말년에는 무일푼으로 살았기 때문에 마냥 훌륭하다고 말하기는 어려운 사람이지만, 이런 시를 지은 적이 있다.

어쩔 도리 없는

내가 걷고 있다

제대로 된 일도 하지 않고 술도 끊지 못하고 아무것도 할 수 없는 내가 이렇게 걷고 있다. 그런 '있는 그대로의 자신'을 읊은 시다. 자신을 외부에서 바라보는 또 한 명의 내가 있으면 항상 냉정해질 수 있기 때문에 자기혐오에 빠지거나 "나는 안 돼"라고 절망할 일도 없다.

여러분들도 회사에 출근하고 싶지 않을 때가 있을 것이다. 그렇다고 회사를 그만둘 수는 없다. 그런 '어쩔 수 없는 나'를 탓할 것이 아니라, 또 다른 나를 통해 외부에서 객관적으로 바라보며 '이것이 있는 그대로의 나'라고 받아들여 마음을 냉정하게 유지해야 한다.

사장의 문장들

　　있는 그대로 잡초로서

　　싹을 틔운다

　이것도 자기긍정으로 가득한 구절이다. 잡초는 사람들의 눈에 띄지 않고 꽃도 피우지 않지만, 그 존재 자체로 싹을 틔운다. 그렇다면 나도 있는 그대로 잡초로서 살아가자. 그런 강한 생명력을 느끼면 된다. 다른 사람이 평가해주지 않더라도 "그래. 나는 잡초니까"라고 생각하면 주위에 화를 내거나 실망할 일도 없을 것이다.

　산토카는 '방랑의 시인'이라고 불린다. 나쁜 의미 같지만 방랑은 자신을 바라보는 시간이기도 하다. 여러분도 매일 회사에서 곧장 집으로 퇴근하지 말고 일주일에 한 번 정도는 평소와 다른 역에서 내려 산책을 하며 방랑을 즐겨보는 것은 어떨까. 길가의 잡초에 시선이 멈춘 산토카처럼 있는 그대로 살아가는 존재를 만날 수 있을지도 모른다.

　마지막으로 자기긍정과 관련된 산토카의 시 구절 하나를 더 소개하겠다.

　　거미는 그물을 치고

　　나는 나를 긍정한다

불안할수록
느긋하게 쉬어 간다

앎으로 움직이면 모가 난다. 정에 휩쓸리면 떠내려간다.
고집을 내세우면 답답하다.

나쓰메 소세키(1867~1916) | 소설가
『풀베개』(신초문고)

● 유연한 마음으로 살아야 하는 이유

앎으로 움직이면 모가 난다. 정에 휩쓸리면 떠내려간다.
고집을 내세우면 답답하다. 어쨌든 세상은 살기 힘들다.

나쓰메 소세키夏目漱石의 소설 『풀베개』의 첫머리에 나오는 유명한 구
절이다. 지성이 지나치게 작용하면 사람과 사람 사이에 마찰이 일어난
다. 상대의 감정에 지나치게 공감하면 감정에 휩쓸려버린다. 나의 뜻

사장의 문장들

을 지나치게 관철하면 사람들과 부딪혀 답답해진다. 그래서 소세키는 "어쨌든 세상은 살기 힘들다"라고 말한다. 그가 런던 유학 중 신경쇠약에 걸렸던 일화를 생각하면 이것은 나쓰메 소세키 본인이 생생하게 느낀 감정이자 진심이었을 것이다.

하지만 우리는 이 세상에서 도망칠 수 없다. 풀베개의 주인공도 이렇게 말한다.

> 사람 사는 이곳이 살기 힘들다고 해서 달리 갈 나라가 있겠는가. 만약 있다면 사람이 살지 않는 나라로 갈 뿐이다. 그곳은 사람 사는 이곳보다 더욱 살기 힘들겠지.

그럼 어떻게 해야 할까. 이 소설에서 읽을 수 있는 소세키의 조언을 간단하게 소개하면 "온천이라도 가서 느긋하게 쉬면서 예술을 접하라"는 것이다. 그 조언을 보여주는 것이 앞에서 소개한 첫 구절 뒤로 이어지는 문장이다.

> 어디로 가더라도 살기 어렵다는 사실을 깨달았을 때, 시가 태어나고 그림이 만들어진다. (중략) 모든 예술의 가치는 세상을 평온하게 하고 사람의 마음을 풍요롭게 함에 있다. 그러므로 존귀하다.

어디로 이사를 가더라도 결국은 살기 어렵다는 사실을 깨달았을 때 탄생하는 것이 예술이며, 세상을 편안하게 만든다. 그렇게 생각하면서 주인공은 산속 온천으로 떠난다. 이것이 이 소설의 줄거리다.

여러분도 음악 방송을 보고 "아, 평화롭구나" 생각하거나 멋진 시를 읽고 이 세상이 아름답다고 느낀 경험이 있을 것이다. 예술에는 이렇게 사람의 마음을 풀어주는 효과가 있다.

살기 힘든 세상을 버티려면 마음에 여유를 가지는 것이 중요하다. 특히 지금은 인터넷이나 SNS로 항상 타인과 연결되어 있기 때문에 하루 종일 긴장 속에서 사는 사람도 많다. 그래서는 고통스럽기만 할 뿐이다. 그러니까 그림을 보거나 시와 음악을 즐기며 마음을 편안하게 만들어주자.

출근길에 발견한 꽃이나 풍경을 스마트폰으로 촬영해 '오늘의 예술 사진 한 장'으로서 즐기는 것도 좋은 방법이다. 예술은 예술가만 만들어내는 것이 아니다. 일반인의 삶에도 예술적인 순간은 존재한다. 그쪽으로 눈을 돌리기만 해도 마음은 가볍게 풀어질 것이다. 일상적으로 예술을 접하며 긴장으로부터 마음을 해방시켜 주자.

마음을 비우는
부처님의 한마디

아제아제 바라아제 바라승아제 모지사바하

공해(774~835) | 승려
『공해 「반야심경비건」』(카도카와소피아문고)

● 보이지 않는 고민에 효과적인 '진언'

일상생활을 하다 보면 왠지 기분이 개운하지 않은 기분이 들 때가 있다. 기분 나쁜 말을 듣고 우울해지거나, 상대하기 싫은 사람과 일하게 되어 마음이 무거워지거나 담당하는 일이 잘 풀리지 않아 불안감을 느끼는 등 다양한 문제들이 마음에 걸릴 때 그런 기분이 든다.

그럴 때 취해야 할 대처 방법은 두 가지다. 첫 번째는 합리적으로 생각하는 것이다. 우울한 원인을 분석하여 효과적인 대책을 찾아 담담하게 처리하는 방법이다. 그러나 인간은 합리적인 사고만 하지 않는다.

많은 사람이 머리로는 논리적인 근거가 없다는 사실을 알면서도 점술을 믿는 것은 인간이 비합리적인 사고에 쉽게 끌리기 때문이다. 이렇듯 합리적으로 생각하기 어려울 때는 어떻게 해야 할까.

그래서 두 번째 대처법이 진언眞言을 외우는 방법이다. '만트라'라고도 하는 진언은 '부처님의 진실한 말씀'을 뜻하며, 이 세상의 진리나 숨겨진 비밀을 밝히는 것으로 알려진 주문이다. 즉, 개운하지 않은 느낌을 저주로 여기고 진언을 외워 쫓아내면 되는 것이다.

무슨 터무니없는 말이냐고 생각할 수도 있다. 하지만 이 방법을 소개하는 데는 당연히 이유가 있다. 이것은 일본 불교의 한 종파인 진언종의 시조 '홍법대사弘法大師' 공해空海가 추천하는 '개운하지 않은 느낌을 해소하는 방법'이다. 외는 주문은 다음과 같다.

아제아제 바라아제 바라승아제 모지사바하
羯諦羯諦、波羅羯諦、波羅僧羯諦、菩提娑婆訶

여러분도 들은 기억이 있을 것이다. 이 주문은 반야심경의 마지막을 마무리하는 구절이자 진언이다.

반야심경에서는 진언을 '주呪'라는 글자로 표현하며, 모든 괴로움을 없애주는 힘이 있다고 말한다. 그야말로 주문과도 같은 것으로, 이것을 외면 망설임과 불안을 떨쳐버릴 수 있다.

 사장의 문장들

주문은 어떻게 이런 큰 힘이 있을까. 공해는 말년에 쓴『공해「반야심경비건」』에서 그 이유를 밝혔다. 이 책은 반야심경을 진언밀교의 입장에서 해석한다. 앞에서 소개한 구절에 대해서는 이렇게 설명한다.

첫 번째의 "아제"는 성문승^{声聞乗, 수행법의 일종}을 수행하는 사람들의 수행과 성과를 나타낸다. 두 번째의 "아제"는 연각승^{縁覚乗, 수행법의 일종}을 수행하는 사람들의 수행과 성과를 나타낸다. 세 번째인 "바라아제"는 대승불교에 속한 모든 종파의 수행과 성과를 나타낸다. 네 번째의 "바라승아제"는 진언밀교의 수행과 성과를 나타낸다. 따라서 "소승, 대승, 밀교의 모든 것이 포함되어 있다고 해석할 수 있다"라고 결론짓는다. 그리고 마지막의 "모지사바하"는 이런 의미라고 설명한다.

불교 각 종파가 가진 각각의 목적이 달성되었다.

공해의 말처럼 모든 종파의 수행 성과가 담겨 있다면, 이 18개의 글자가 엄청난 힘을 가지고 있다는 말도 이해가 간다.

● 하나의 문자에 담긴 천 가지 가르침

네 차례 등장하는 "아제"에 각각 다른 의미가 있다는 것은 공해의 독자적인 해석이다. 나는 반야심경을 어린이용으로 해설한 책『어린이 반야심경』을 쓴 적이 있다. 그때 원전의 산스크리트어의 음독을 확인했는데, 발음이 모두 같은 것으로 미루어보아 본래는 같은 의미의 단어일 것이다. 그것을 불교 각 종파의 수행과 성과에 맞도록 바꾸어 "모든 것이 다 포함되어 있다"라고 해석하는 것은 다소 억지스럽지만, 그것이 공해의 가르침이 가진 힘과 매력이기도 하다.

덧붙여 이 구절을 현대어로 번역하면 다음과 같다.

가는 자여, 가는 자여, 피안으로 가는 자여!
깨달음이여! 행복하라!

피안은 깨달음의 경지이며, 반야심경이 지향하는 깨달음이란 '공空'이 되는 것이다. 이 세상 모든 것은 실체가 없는 텅 빈 상태이며, 고통도 그 원인도 없다. 자신의 마음도 '공', 이 세상도 '공'이다. 그것을 깨달았을 때 사람은 '무심無心'이 되어 깨달음의 경지에 이른다. 그런 이미지를 상상하며 진언을 외면 된다.

어쨌든 진언이야말로 반야심경의 핵심이라는 것은 틀림없는 사실이다. 공해도 "한 글자에 천 개의 가르침이 담겨 있다"라면서 인생의 어려움에 직면했을 때는 일단 진언을 외우라고 조언한다.

이것을 외는 것만으로도 무시(無始) 이래 인간이 가지고 있는 무지(無知)로부터 해방되는 것이다.

     사장의 문장들

여기서 '무시'란 시작을 알 수 없을 정도로 먼 과거를 의미한다.

공해가 이렇게까지 추천할 정도라면 우리가 시도해보지 않을 이유가 없다. 기분이 개운하지 않을 때는 아무 생각도 하지 말고 리듬을 붙여서 "아제아제 바라아제 바라승아제 모지사바하!"라고 소리 내어 외어보자. 주문을 외는 것으로 무심해지면서 온화하고도 상쾌한 마음을 가질 수 있다. 바쁜 나날 속에서 기분을 전환하는 것이 쉽지는 않겠지만 이 주문이 좋은 스위치가 될 것이다.

『공해「반야심경비건」』은 현대어로 번역한 문고판도 본문은 50쪽 정도, 원문은 20쪽이 채 되지 않을 정도로 분량이 짧다. 바쁜 사람도 금방 읽을 수 있다. 유명한 승려인 공해가 후대 사람들을 위해 반야심경의 본질을 알기 쉽게 설명해준 책을 읽지 않는다는 것은 정말 아깝다는 생각이 든다. 꼭 공해가 쓴 책이 아니더라도 살면서 한 번쯤은 문화적 시도로 반야심경을 읽어보길 바란다.

어떤 운명도
의지를 꺾을 수는 없다

✦◆✦

"먹을 것이 없어서 일해야 하는 것도 아니고, 매일 아침 여섯 시에 일어나
하루 종일 일하는 것도 아니면서 무슨 말씀을 하시는 거예요?"

기 드 모파상(1850~1893) | 작가
『여자의 일생』(고분샤고전신역문고)

● 불운을 행운으로 바꾸는 긍정의 힘

인생에서는 전혀 예상하지도 못한 일이 흔히 일어난다. 누구나 언제 행운이 찾아올지 혹은 언제 불행이 닥칠지 모른다. 애초에 그 사건이 자신에게 행운인지 불행인지조차 판단하기 어려운 경우도 많다.

예상치 못한 운명을 받아들이는 방식은 사람에 따라 두 가지로 나뉜다. 하나는 "나는 정말 운이 없구나"라며 자신을 불쌍히 여기고 낙담하는 유형이다. 또 하나는 "인생에는 아직 좋은 일도 많이 남아 있어"라고 생각하며 상황의 좋은 면을 바라보고 긍정적으로 대하는 유형이다.

나는 후자의 생활방식에서 긍정의 힘을 느낀다. 이 힘은 특히 지독하게 고생해본 사람에게서 자주 느낄 수 있다. 이들은 근성이 있어서 어지간한 시련에는 쉽게 무너지지 않는다. 그리고 얼마나 고생했는지 상관없이 어떤 상황이든 긍정적으로 받아들일 수 있는 사람은 불행을 행운으로 바꾸는 힘을 가지고 있다.

프랑스 작가 기 드 모파상^{Guy de Maupassant}의 대표작인 『여자의 일생』은 앞서 언급한 두 가지 유형의 여성을 다룬 작품이다.

주인공 '잔느'는 남작가의 외동딸로 태어나 아무런 부족함 없이 자란 아가씨다. 그녀는 자유롭고 기쁨이 가득 찬 행복한 삶을 꿈꾸며, 그 꿈이 실현되리라 믿어 의심치 않는다.

하지만 현실은 잔느의 뜻대로 흘러가지 않았다. 그녀는 미모의 청년 '줄리앙'을 만나 결혼하지만, 사실 그는 엄청난 바람둥이였다. 줄리앙은 결혼하자마자 다른 여자에게 손을 뻗는데, 그 상대가 잔느의 젖동생이자 그녀를 돌보기 위해 시댁으로 따라온 하녀 '로잘리'였다.

어느 날 잔느는 로잘리가 자기 방에서 아이를 낳는 장면을 목격하고 경악한다. 게다가 아이의 아버지가 자신의 남편이라는 것을 알고 무너져내린다. 돌이켜보면 결혼 직후부터 잔느는 남편에게 위화감을 느끼고 있었다. 약혼 당시에는 마냥 상냥하고 우아해 보였던 줄리앙은 정작 결혼하고 나니 아내가 된 잔느를 전혀 배려하지 않았고 말도 거의 걸지 않았다. 변한 남편을 보고 그녀는 이렇게 한탄한다.

"남편에게 버림받았는데도 그다지 괴롭지 않은 이유는 뭘
까. 인생이라는 게 원래 이런 건가. (중략) 앞으로 내 인생에
는 아무것도 남지 않은 걸까."

이것이 앞서 말한 '자신을 불쌍히 여기고 낙담하는 유형'이 운명을
받아들이는 방식이다. 이런 상황에서 로잘리의 출산과 남편의 배신까
지 뒤따른 것이다.

그 후에도 잔느의 가혹한 삶은 계속 이어진다. 그녀와 남편 사이에
아들 '폴'이 태어나지만 지나치게 보호만 하며 키운 결과, 부모의 돈만
펑펑 써버리는 방탕한 아들이 된다. 폴은 돈이 필요할 때만 어머니인
잔느에게 편지를 보낸다. 남편뿐만 아니라 아들에게까지 고통받게 될
줄은 꿈에도 생각하지 못했을 것이다.

● 인생의 단맛과 쓴맛은 받아들이기 나름

그런 잔느에게 구원의 손길을 내민 사람은 바로 로잘리였다. 그녀는
아이를 출산한 사건으로 저택에서 쫓겨났지만, 부모도 남편도 모두 잃
고 홀로 남은 잔느를 외면할 수 없어 다시 저택으로 돌아온다.

로잘리는 잔느를 설득하여 더는 아들에게 돈을 보내지 않겠다는 약
속을 받아내고, 잔느에게 남아 있는 재산을 정리하여 생활비와 저축에
쓸 돈을 확보한다. 로잘리의 도움으로 파산은 면했지만 그 후에도 잔

느는 무슨 일이 생기기만 하면 "나는 정말 운이 없어"라는 한탄을 입에 올린다. 그때마다 로잘리는 잔느를 이렇게 꾸짖는다.

> "먹을 것이 없어서 일해야 하는 것도 아니고, 매일 아침 여섯 시에 일어나 하루 종일 일하는 것도 아니면서 무슨 말씀을 하시는 거예요? 그렇게 바삐 움직이지 않으면 살 수 없는 사람은 널렸어요."

이것이 바로 긍정의 힘다. 잔느와 로잘리는 이런 대화도 나눈다.

> "나는 아들에게도 버림받은 외톨이야."
> "도련님이 살아계시는 것만으로도 감사한 일이에요!"

잔느가 자신을 불쌍히 여기는 유형이라면, 로잘리는 '인생의 좋은 면을 보는 유형'에 고생을 아는 사람으로부터 오는 강인함까지 갖추었다. 알고 보니 잔느의 남편과 저지른 불륜도 로잘리 스스로 원한 것이 아니라 고용주에게 강요당해 거절하지 못했던 안타까운 사정이 있었다. 로잘리도 잔느와 마찬가지로 뜻밖의 운명에 휘둘렸던 셈이다.

이 이야기는 로잘리의 다음과 같은 대사로 막을 내린다.

"저기요, 잔느 아가씨. 인생은 사람들이 생각하는 것만큼 좋은 것도, 나쁜 것도 아니에요."

이 말은 우리 모두의 인생에 적용될지도 모른다. 본인이 받아들이는 방식에 따라 인생은 좋을 수도 있고, 나쁠 수도 있다.

여러분도 요즘 운이 없다는 생각이 든다면, "세상에는 더 힘든 사람도 있어. 나는 아직 버틸 만해"라고 생각해보는 건 어떨까. 사람이라면 누구나 사물을 여러 방면에서 바라보고 다양하게 해석하는 긍정의 힘을 갖추고 있을 것이다. 나도 불행하다는 느낌이 들수록 내면에 기른 강인함과 끈기를 발휘하며 긍정적으로 살아가고자 한다.

사사로운 잡념에
발목 잡히지 않는다

모든 진리의 기준은 외부가 아니라
오히려 우리의 순수한 경험에 있다.
진리를 안다는 것은 이 상태와 일치되는 것이다.

니시다 기타로(1870~1945) | **철학자**
『**선의 연구**』(고단샤학술문고)

● 있는 그대로의 사실을 경험한다

일본을 대표하는 철학자가 누구인지 묻는다면 대부분 니시다 기타로^{西田幾多郎}를 거론하지 않을까. 일본의 철학자 대부분이 서양 철학의 '해설자'인 반면에 니시다는 일본 고유의 독자적인 철학을 확립했다.

특히 니시다의 저서 중 1911년에 출판한 『선의 연구』는 일본 최초의 본격적인 철학서로 평가받는다. 이 책은 난해하다고 알려졌지만, 오히려 요즘 시대에 읽으면 이해할 것 같다고 생각하는 사람이 많을 것이다. 그 이유는 니시다 철학의 중요한 키워드인 '순수 경험'에 있다.

순수 경험이란 자신의 사상이나 판단이 더해지기 전, '진정한 경험 그대로의 상태'를 의미한다. 예를 들어 비가 내리고 있을 때 "이것은 빗소리다", "떨어지는 것은 물방울이다"라고 판단하기 전의 상태를 떠올려보자. 빗방울도, 땅도, 젖어 있는 자신도, 모든 것이 하나가 되어 '그저 거기에 존재하는 상태'를 경험하는 것, 이것이 순수 경험이다.

자기 자신의 의식이라 해도, 과거에 대한 회상이든 눈앞의 현재든 이를 판단한 순간 이미 순수 경험이 아니다.

니시다는 이렇게 설명한다. 쓸데없는 사고나 판단이 들어가면 그것은 순수 경험이 아니다. 이 말은 여러분도 이해할 수 있을 것이다.

아름다운 것을 보고 느낀 감동을 말로 표현하려는 순간, 그 어떤 표현도 순수 경험과는 어딘가 어긋나버린다. 아름다운 경치를 보았을 때, 사진 찍는 데에만 정신이 팔려 눈앞의 풍경과 일체화된 자신을 경험하지 못하고 끝나버리는 일도 흔히 있다. 즉, 현재의 의식을 예민하게 만들어서, 있는 그대로의 사실을 경험하는 것이 중요하다.

모든 진리의 기준은 외부가 아니라 오히려 우리의 순수 경험에 있다. 진리를 안다는 것은 이 상태와 일치되는 것이다.

사물의 진리는 지금 이 순간 경험하는 현실에 있다. 뒤집어 말하면 순수 경험을 할 수 없는 사람은 진리도 알 수 없다는 뜻이다.

레스토랑에서 요리사가 갓 만든 요리를 내놓았는데, 정작 손님은 SNS에 올리기 위한 사진 촬영에만 열중하느라 음식은 뒷전인 경우가 있다. 겨우 먹기 위해 손을 댔을 때는 이미 완전히 식어 맛이 바뀌어버린 후다. 이래서는 "맛있는 요리란 무엇인가?" 하는 진리를 알 수 없다. 본인은 '레스토랑에서 식사'하는 경험을 했다고 생각하지만 그것은 순수 경험이 아니다.

● 후회와 불안을 잊고 '순수 경험'을 즐긴다

아직 주체도 없고 객체도 없으며, 지식과 그 대상이 완전히 합일되어 있는 것이다.

니시다는 순수 경험에 대해 이렇게 말하기도 했다. 즉, 순수 경험에는 주체와 객체의 구별도 없고, 능동과 수동의 구별도 없다. 직접 경험한 사실만이 '의심할 여지조차 없는 직접적인 지식'이라고 표현한다.

니시다의 표현이 다소 어려울지 모르지만, 일본의 또 다른 철학자 나가이 히토시永井均의 저서『니시다 기타로』에 이해하기 쉬운 해설이 있다. 나가이는 가와바타 야스나리川端康成가 쓴『설국』의 첫 문장을 인용하면서, 이것이 주체와 객체가 분리되기 이전의 순수 경험을 묘사한 것이라고 설명한다.

"국경의 긴 터널을 빠져나오니 설국이었다." 누구나 알고 있는 『설국』의 이 문장에는 주어가 없다. 터널을 빠져나간 것은 '열차'일까, 일인칭인 '나'일까, 아니면 삼인칭인 '시마무라'일까. 그것은 분명하지 않지만 터널을 빠져나오는 순간 번쩍이며 나타난 설국의 풍경이 선사하는 감동이 그려져 있다. 이것이 순수 경험이며 주체와 객체가 나뉘지 않은 상태다. 이 상태 그대로의 사실을 아는 것이 니시다가 말하는 '직접적인 지식'이 된다. 『선의 연구』의 마지막 장에는 이런 구절이 있다.

지식과 사랑은 동일한 정신 작용이다. 그래서 사물을 알기 위해서는 그것을 사랑해야만 하고, 사물을 사랑하려면 그것을 알아야만 한다.

이 구절도 왠지 이해된다고 생각하는 사람이 의외로 많지 않을까. 좋아하는 그림을 보거나 음악을 들을 때, 자신이 그 안에 녹아들어 가는 듯한 감각을 느끼는 경우가 있다. 음악에 맞춰 춤을 추는 사람은 자신이라는 주체와 음악이라는 객체가 구분 없이 일체화되어 자연스럽게 몸이 움직인다. 머릿속으로 일일이 "처음에는 오른발을 앞으로 내밀고, 다음에 왼발을 내밀어야 해"라는 식으로 생각하지 않아도 리듬

　　　　　　　　　　　　　　　　　　　

이 몸속으로 파고들면서 자연스럽게 음악과 함께 춤출 수 있다.

난해하다고 느끼기 쉬운 니시다 철학이지만, 우리 생활 속에는 이미 수많은 순수 경험이 존재한다. 바로 그 경험에 진리가 있음을 깨닫게 해주는 사고방식이라고 이해하면 친근하게 느껴진다.

현대인은 쓸데없는 생각을 너무 많이 해서 순수 경험을 맛보기 어려워졌다. 미래를 걱정만 하는 사람도, 과거를 후회하며 지내는 사람도 현재를 살 수 없다.

중요한 것은 생각에 방해받지 않고 순수 경험을 그대로 맛보는 것이다. 문득 눈에 띈 꽃의 아름다움에 혹하거나 키우는 개를 보고 귀엽다고 생각하는 순간을 '있는 그대로' 경험하면 항상 눈앞의 일에 가슴 설렐 수 있다. 니시다 철학은 매일을 즐겁게 해주는 '설레는 철학'이다.

나의 행복은
나에게 달려 있다

행복과 불행은 단 한 가지밖에 없다.
그것은 자신의 소질을 완전히 발휘해서 나만의 작품 내지는 사업을
완성할 수 있는가 아니면 방해받아 그것을 이루지 못하는가 하는 것이다.

아르투어 쇼펜하우어(1788~1860) | 철학자
『행복에 관하여: 인생론』(신초문고)

● 풍요로운 내면이 진정한 행복을 만든다

"행복이란 무엇인가?"라는 질문은 인간의 영원한 숙제로, 동서고금의 철학자와 사상가들이 저마다 이에 관한 저작과 명문을 남겼다. 그 중에서도 독특한 것은 아르투어 쇼펜하우어^{Arthur Schopenhauer}의 『행복에 관하여: 인생론』이다. 사실 이 제목이 원제는 아니다. 일본판으로 출간될 때 제목을 새롭게 붙였다.

이 책의 재미는 유머와 풍자를 섞은 문장에 있다. 쇼펜하우어의 말투는 직설적이고 때로는 신랄하지만 빈정거리는 표현이 뛰어나 나도

모르게 웃음이 터지기도 한다. 어려운 철학책이라기보다 선인들에게
인생에 관한 교훈을 듣는다는 생각으로 부담 없이 읽어보기를 권한다.

행복에 관한 쇼펜하우어의 생각은 명쾌하다.

행복과 불행은 단 한 가지밖에 없다. 그것은 자신의 소질을
완전히 발휘해서 나만의 작품 내지는 사업을 완성할 수 있는
가 아니면 방해받아 그것을 이루지 못하는가 하는 것이다.

인간은 각자 나름대로 재능이나 강점이 있다. 그 소질을 키워 자신
이 만들고 싶은 것이나 하고 싶은 것을 이룰 수 있다면, 그 사람은 행
복한 사람이다. 이것이 쇼펜하우어의 사고방식이다.

이는 곧 내면의 풍요로움이야말로 행복의 원천임을 의미한다. 재산
이나 지위같이 자신의 외부에 존재하는 것에 의지하려 하면, 그것을
잃는 동시에 행복도 무너져버린다. 내면의 능력을 갈고닦으면 외부로
부터 만족을 추구하지 않아도 진정으로 행복하게 살 수 있다.

날마다 매순간 자신의 존재 방식에 충실할 수 있다면 그 외
에는 바랄 것이 없다.

이것이 내면이 풍요로운 사람의 사고방식이다. 다만 그 외에 한 가

지 더 바람이 있다면 '자유로운 여가'라고 쇼펜하우어는 말한다. 소질을 키우기 위해 공부하거나 좋아하는 일에 몰두하려면 자유롭게 쓸 수 있는 시간이 필요하기 때문이다.

지금은 일하는 방식이 많이 바뀌어서 잔업도 줄고 재택근무도 확대되었다. 이에 따라 출퇴근 시간이 감소하며 자유로운 여가도 함께 늘어났다. 이 시간을 활용해 내면을 갈고닦으며 그런 자신에게 만족하는 법을 배우는 것이다. 만족하는 법을 배우면 코로나 사태 같은 외부 변화가 일어났을 때도 행복할 수 있다.

● 불행한 사람이 행복해지기 위한 간단한 원칙

쇼펜하우어는 '고독'의 중요성도 강조한다. 인간은 오직 혼자 있을 때만 자유로울 수 있고, 자신의 본모습에 충실할 수 있기 때문이다. 다만 누구나 고독을 사랑할 수 있는 것은 아니다. 고독을 싫어하거나 피하려는 사람들도 있다. 그 이유를 풀이한 문장이 꽤 신랄하다.

고독할 때, 비참한 인간은 그 비참함을 느끼고 위대한 인물은 그 위대함을 느낀다. 왜냐하면 각자 있는 그대로의 자신을 느끼게 되기 때문이다.

고독의 반대쪽에 있는 '사교'에 대해서도 냉정한 시선으로 바라본다.

　　　　　　　　　　　　　　　사장의 문장들

인간은 서로 접촉하며 정신적으로 따뜻함을 나누려 하지만, 내면에 정신적 온기가 있는 사람이라면 굳이 다른 사람과 집단을 만들 필요가 없다. 쇼펜하우어는 그렇게 단정 지은 다음 이런 말까지 덧붙인다.

사람의 사교성은 그 사람의 지적 가치와 거의 반비례한다.

소통이나 사람과의 관계야말로 중요하다고 강조하는 현대사회의 논조와는 정반대다. 역시 세기의 철학자가 하는 말은 다르다.

이 책은 원래 인생의 처세술을 주제로 삼고 있기 때문에 세상살이와 인간관계에 대한 조언도 다양하게 쓰여 있다. 전부 흥미로운 내용이다.

거짓말이라고 의심되면 오히려 믿는 척하라. 그러면 상대는 더욱 대담해져 더욱 많은 거짓말을 하고, 마침내 가면이 벗겨지기 마련이다.

나도 모르게 웃음이 터지면서 고개가 끄덕여진다. 여러분도 실제로 시도해보고 싶지 않을까.

분노든 증오든 말이나 표정에 드러내는 것은 무익하다. 위험하다. 어리석다. 웃음 그 자체다. 저급하다.

이것도 읽다가 웃음이 터져버린 구절이다. 결국 부정적인 감정을 드러내지 말라는 말인데, 그것을 전달하기 위해 이러쿵저러쿵 겹겹이 쌓아올리는 표현이 정말 재밌다. 철학자의 글을 읽으면서 웃음을 터뜨릴 수 있다는 것은 흔치 않은 경험이다.

쇼펜하우어의 따끔한 지적에 어딘가 찔린 듯한 느낌이 들면서도 살짝 웃음이 나다가 마지막에는 힘이 솟는다. 이 책은 그런 책이다. 무엇보다 '내가 나답게 존재할 수 있는 것이 가장 큰 행복'이라는 메시지에 격려받은 사람이 많을 것이다. "나는 정말 불행한 사람이야"라고 한탄하고 싶은 일이 있다면 꼭 이 책을 읽어보기를 바란다.

삶의 가치는
서로를 도울 때 빛난다

되도록 스스로 생각하지 말고,
자기 자신에게서 벗어나 타인의 목소리에 귀 기울이세요.

사카구치 교헤이(1978~) | 건축가, 작가, 가수 등
『힘들 때는 전화해』(고단샤현대신서)

● 서로 돕는다는 마음으로 상담하자

여러분은 일이나 인간관계로 고민되거나 기분이 우울할 때 어떻게 대처하고 있을까. "성인이니까 스스로 해결해야 해"라고 생각하며 혼자 짊어지고 버티는 사람도, "어차피 나는 상담할 만한 상대도 없어"라고 한숨을 내쉬는 사람도 많을 것이다.

그런데 일본에는 "죽고 싶을 만큼 괴롭다면 언제든지 전화를 걸어주십시오"라며 자신의 휴대전화 번호를 공개한 인물이 있다. 바로『힘들 때는 전화해』의 저자인 사카구치 교헤이坂口恭平다.

이 책을 집었을 때 가장 먼저 놀란 점은 띠지의 가장 잘 보이는 곳에 대문짝만하게 사카구치의 휴대전화 번호가 인쇄되어 있었다는 점이다. 첫 페이지를 펼치면 또다시 굵은 글씨로 같은 번호가 게재되어 있고 이런 말이 이어진다.

이것은 제 휴대전화 번호입니다. 저는 '생명의 전화'라는, 죽고 싶은 느낌이 드는 사람이라면 누구나 걸 수 있는 전화 서비스를 운영하고 있습니다. 물론 무료입니다.

사카구치는 원조 '생명의 전화^{いのちの電話, 1977년 결성된 일본 생명의 전화 연맹이 운영하는 자살 상담 콜센터}'가 가 좀처럼 연결되지 않는다는 것을 알고, 2012년에 단독으로 이 서비스를 시작했다. 하루에 7명 정도, 연간 2000명이 넘는 사람들로부터 전화가 걸려온다고 한다. 개인 정보인 휴대전화 번호를 불특정 다수의 사람에게 알려도 되는지 걱정이 되는데, 정작 사카구치는 이렇게 말한다.

당신이 죽는 것보다 낫지 않습니까! 서로 돕고 산다는 마음으로 부담 없이 연락해주세요.

이 책에서 사카구치는 공공시설을 만든다는 마음으로 이 서비스를

                                           사장의 문장들

시작했다고 적고 있다. 타인과 얽혀 불필요한 잡음에 휘말리기 싫어하는 사람이 늘어나는 시대에 이런 마음을 가진 사람이 있다는 사실에 감명을 받았다.

사카구치는 기회가 생겨 괴로운 마음을 안고 있는 사람들과 직접 이야기를 나눠본 적이 있다고 한다. 그들과 이야기를 나누는 동안 그는 누구나 죽고 싶어질 수 있고, 또 누구나 그런 마음에서 벗어날 수 있다고 느끼게 되었다. 단, 혼자서는 어렵기 때문에 "타인을 활용하는 것"이라고 그는 말한다.

되도록 스스로 생각하지 말고, 자기 자신에게서 벗어나 타인의 목소리에 귀 기울이세요.

이것이 힘든 마음에서 벗어나는 효과적인 대처법이다. 고민에 잠겨있을 때 누군가가 내 이야기를 듣고 한마디 조언을 해주는 것만으로 마음이 가벼워지는 경험은 많이들 해보았을 것이다.

나는 다행히 죽고 싶다는 생각을 해본 적은 없지만 정말 힘들다는 느낌은 종종 받는다. 그래서 전에 일 때문에 인기 가수인 미와 아키히로美輪明宏를 만났을 때 그에게 "지치거나 힘이 들 때는 어떻게 하면 좋을까요?"라고 물어본 적이 있다.

질문을 들은 미와는 "일단 주무세요. 잘 자는 사람에게는 아무런 문제도 없습니다"라고 대답해주었다. 그 대답을 듣고 나니 마음이 가벼워졌다. 이후 내가 정말로 궁지에 몰렸을 때는 항상 그에게 전화하기로 마음먹었다. 고민이 있을 때는 상담할 상대가 있다는 사실만으로도 마음이 든든해진다.

● 함께 만든 목표가 있으면 나아갈 수 있다

이 책에는 그 밖에도 실용적인 대처법이 소개되어 있어 평범한 직장인들의 고민에도 참고가 된다.

예를 들어 1장의 제목은 「반성 금지!」다. 사카구치는 죽고 싶을 때의 상태를 '무엇이든 반성하고 있는 상태'라고 분석했다. "내가 왜 그랬을까?", "내 성격은 왜 이럴까?"라는 식으로 끊임없이 반성이 이어지고, 스스로 통제할 수 없는 상태에 빠진다. 여러분도 침울할 때는 "반성 금지!"라고 외치고 기분을 전환하자.

또, 사카구치는 이렇게 말하기도 했다.

죽기로 마음먹은 사람조차 사실은 아주 굳어버린 사고회로 속에 갇혀 있기 때문에 그렇게 되는 겁니다. 거기서 벗어나면 죽지 않아도 된다고 생각할 수 있습니다.

그래서 항상 '생명의 전화' 발신자에게 목표를 제안한다고 한다. 죽

                                          사장의 문장들

고 싶을 때는 아무것도 하고 싶지 않지만, 의외로 다른 사람이 시키는 일이라면 수행하는 사람이 많기 때문이다.

나도 교직 생활을 하면서 사람은 목표가 생기면 생기를 되찾는다는 사실을 매순간 실감한다. 흔히 '독서 마라톤'이라고 이름 붙여 오랜 시간 소리 내어 글을 읽는 음독을 하거나 대량의 읽기 과제를 준다. 이 과제를 받는 순간 대학생이든 초등학생이든 의욕에 불이 붙는다. 해야 할 일이 정해지면 쓸데없는 생각을 하지 않아도 되기 때문이다.

이 책에는 '생명의 전화'에서 실제로 오간 대화도 실려 있다. 재즈를 좋아한다고 말하는 남성에게 사카구치가 "재즈 카페의 기획서를 써보라"는 목표를 제시한 사례가 소개되어 있다. 기획서를 쓰려면 부지 선정부터 매장 인테리어는 물론이고, 자금 문제까지 생각해야 할 일이 줄줄이 생긴다. 그러면 "죽을 수밖에 없다"고 생각했던 사람이 눈앞의 일에 집중할 수 있게 된다.

여러분도 마음이 우울할 때는 자신이 좋아하는 일을 어떤 형태로든 구현한다고 가정하고 기획서를 써보는 건 어떨까. 눈앞의 고민에서 벗어나 사고와 행동을 긍정적으로 바꾸는 좋은 계기가 될 것이다.

고독으로부터
인생을 배우다

그는 자신의 씨앗이 여기저기 날아가 싹을 틔우는 느낌이 들어
오히려 더욱 격렬한 고독에 빠져들었다.

가브리엘 가르시아 마르케스(1927~2014) | 작가
『백 년의 고독』(신초사)

● 무엇이 우리를 고독하게 만들까

사람은 왜 고독에 빠질까. 꽤 어려운 질문이다. 성공해서 많은 직원에게 둘러싸여 있어도, 가정을 꾸려 자녀와 손주들이 재롱을 피워도 고독하다고 느끼는 사람이 있으니, 참 신기한 일이다.

노벨문학상을 수상한 콜롬비아 작가 가브리엘 가르시아 마르케스 Gabriel Garcia Marquez의 대표작 『백 년의 고독』은 어느 고독한 일족이 겪는 백 년의 이야기다. '마콘도'라는 마을을 만들고, 한때는 크게 융성했던 '부엔디아' 가문이 쇠퇴를 거쳐 멸망에 이르는 일대기를 그렸다.

그렇다면 제목의 '고독'은 무엇을 가리킬까. 그것은 바로 '사랑의 결핍'이다. 이 소설의 주인공인 부엔디아 일족은 일곱 세대에 걸쳐 대다수가 지독한 사랑의 결핍에 시달린다. 이야기 막바지에 이르러서야 일족 최초로 '사랑으로 생명을 부여받은 자'가 탄생할 정도다. 즉, 그 외의 사람들은 사랑이 결핍된 채 세상에 태어났고, 그 고독이 윗세대에서 다음 세대로 이어져온 것이다.

그중에서도 특히 고독의 상징으로 그려지는 인물이 호세 아르카디오 부엔디아의 아들인 '아우렐리아노 부엔디아' 대령이다. 소설에도 그의 고독을 잘 보여주는 일화가 나온다.

부엔디아 대령은 가는 곳마다 부하에게 분필로 지름 3미터의 원을 그리도록 명령하는데, 원을 다 그리면 자기만 그 안으로 들어가 아무도 들어오지 못하게 한다. 이것만으로는 그냥 이상한 사람처럼 보이지만, 뒤에 나오는 "어머니조차 다가갈 수 없었다"는 묘사에서 부엔디아 대령의 고독이 얼마나 깊었는지 짐작할 수 있다.

이후 부엔디아 대령은 보수당 정권에 맞서 여러 차례 반란을 일으켜 혁명군 총사령관까지 오른다. 하지만 끝없이 반복되는 전쟁에 무력감을 느끼며 불면증과 불안에 시달리게 된다.

절대적인 권력에 따른 고독에 갇혀 그는 가야 할 길을 잃기 시작했다.

이 문장은 권력이나 지위를 손에 넣어도 그것만으로는 만족할 수 없다는 사실을 보여준다.

부엔디아 대령은 타인의 접근을 거부하는 한편, 전쟁터에 나갈 때마다 현지 여성에게 아이를 낳게 하여 자식의 수가 열일곱 명에 달했다. 그뿐만 아니라 이 일족은 모두 성욕과 정력이 왕성하여 모든 세대에서 많은 아이가 태어난다. 지독하게 외로워서 사람과의 교류를 갈구하는 것인지 모르겠지만, 그렇게 태어난 새로운 생명이 부엔디아 대령에게 애정의 대상이 될 리가 없다. 그는 오히려 그 생명을 귀찮게 여긴다.

그는 자신의 씨앗이 여기저기 날아가 싹을 틔우는 느낌이 들어 오히려 더욱 격렬한 고독에 빠져들었다.

한때의 감정이나 기세에 휩쓸려 이성과 관계를 맺어도 두 사람 사이에 사랑이 없으면 고독은 해소되지 않는다. 부엔디아 일족에게도 사랑의 결핍으로 인한 고독이 항상 따라다닌다.

만약 여러분이 외로움이나 공허함을 느끼고 있다면 "내가 외로운 것도 사랑이 부족하기 때문이 아닐까?" 하고 스스로 질문해보자. 부엔디아 일족을 반면교사로 삼아 가까운 사람들과 진정한 사랑을 나누기 위해 노력하자. 그 노력이 고독에서 벗어나는 계기가 될지도 모른다.

　　　　　　　　　사장의 문장들

● 고독을 달래는 마술 같은 문학의 힘

이 작품은 고독이 주제지만 결코 어둡기만 한 이야기는 아니다. 일상과 비일상을 융합한 '마술적 리얼리즘'이라고 불리는 기법으로 묘사되어 예지 능력자나 공중 부양을 하는 사람이 등장하기도 한다. 기묘한 불면증이 유행하거나 하늘에서 꽃이 내리는 등 비일상적인 사건들이 일상적으로 일어난다. 읽다 보면 환상의 세계로 빠져드는 듯한 신비로운 감각을 맛볼 수 있는 것이 이 작품의 매력이다.

또, 그려지는 이야기 하나하나가 모두 인상적인데, 첫 문장부터 이야기에 빠져들게 만든다.

> 긴 세월이 흘러 총살대 앞에 서게 되었을 때, 아마도 아우렐리아노 부엔디아 대령은 아버지를 따라 처음으로 얼음을 본 그 먼 옛날의 오후를 떠올렸을 것이다.

이런 시작으로 소설의 문을 열면 이 뒤를 읽어나가지 않고서는 배길 수 없다.

이어 부엔디아 대령이 떠올린 것은 소년 시절, 아버지와 함께 구경꾼들이 모인 장터에 갔을 때의 기억이라고 묘사된다. 난생처음 차가운 얼음을 만진 아들은 "이거, 끓어오르고 있어요!"라고 소리치고, 그의 아버지는 얼음을 다이아몬드로 착각한다. 여기만 읽으면 사이좋은 아버지와 아들의 즐거운 대화로 착각할 수 있다. 하지만 그 대화를 어른이 된 아들이 총살대 앞에서 회상하고 있다면 어떨까. 이 일화가 가지는 의미도 달라진다.

『백 년의 고독』은 라틴 아메리카의 역사를 우화적으로 그린 신화 같은 작품으로 평가받는다. 사람에 따라 다양한 해석이 가능한 것이 신화이며, 이 작품도 일화 하나하나를 읽는 사람이 자유롭게 해석할 수 있다는 점이 흥미롭다.

외로움과 불안으로 마음이 들썩이는 밤에는 『백 년의 고독』을 펼쳐 신비로운 세계관에 흠뻑 빠져보는 것은 어떨까.

상실이 알려준
삶의 가치

"무엇인가 잃었다는 것은,
그게 무엇인지 알 수 없더라도 슬픈 법이야."

츠츠이 야스타카(1934~) | 작가
『잔상에 립스틱을』(추코문고)

● 말이 사라지는 세상에서 상실을 배우다

우리는 말을 통해 세상을 파악한다. '고양이'라는 말이 있기 때문에 그 동물을 개도 너구리도 여우도 아닌 고양이라고 인식할 수 있다. 즉, 인간은 말과 사물을 한 묶음으로 이해한다.

당연한 말을 한다고 생각할지도 모른다. 그렇다면 당연하게 존재하는 그 말이 이 세상에서 사라지면 어떻게 될까. 그런 설정을 시도한 실험적 소설이 츠츠이 야스타카筒井康隆의 『잔상에 립스틱을』이다. 이 책이 출판된 것은 1989년인데, 2020년 틱톡에 소개되어 화제가 되면서

30년이 지난 세월을 뛰어넘어 다시 대히트를 기록한 작품이다.

이 소설에서는 이야기가 진행될수록 음이 하나씩 사라진다. 처음에는 '아'가 사라지고, 다음에 '파'가 사라지고, 이렇게 세상에서 점점 소리가 사라져가는 설정이다. '아'가 사라지면 이 음을 포함한 '아침'이나 '아이' 같은 단어는 문장에서 사용할 수 없게 된다. 동시에 그 단어가 가리키던 대상이나 사물도 세상에서 사라지고, 작중 인물들은 그 단어와 관련된 기억마저 잃어버린다.

작가인 츠츠이 본인도 쓸 수 있는 단어가 점점 줄어든다. 이는 언제까지 자연스러운 문장을 계속 쓸 수 있을지에 대한 작가로서의 야심 찬 도전이면서, 형식적인 장치로서도 매우 흥미로운 설정이다. 그러는 한편 등장인물의 입장이 되어보면 상당히 무서운 설정이기도 하다.

주인공은 츠츠이의 분신이라고 말할 수 있는 어느 소설가로, 소리가 하나씩 상실될 때마다 그의 주변에서 익숙한 것이 사라져간다. '피'와 함께 커피도 사라지고, '호'와 함께 정기적으로 묵던 호텔도 사라진다 그래도 사물이 사라지면 아직 괜찮은 축이다. 작품에서는 그 소리를 포함한 이름을 가진 인간도 사라진다. 가족도 예외는 아니다.

"한 명이 사라졌어. 그래, 확실히 한 명이 사라졌어. 그 이름과 함께 이 세상에서 소멸한 거야."

세 명의 딸 중 셋째 딸이 사라진 순간, 주인공은 이렇게 독백한다. 이렇게 가족이 세상에서 사라져버린다고 생각하면 등골이 오싹하다.

그렇게 셋째 딸의 기억이 희미해지는 가운데, 소설가는 딸이 남긴 자취를 따라간다. 이제 겨우 고등학교 1학년이었던 딸이 훗날 어른이 되어 화장을 했다면 분명 아름다웠으리라 생각한 소설가는 눈물을 글썽이며 중얼거린다.

"그 잔상에 옅게 화장을 하고, 입술에는 붉은색을 발라주자."

작품의 제목은 이 안타까운 장면에서 유래했지만, 잠시 후 소설가는 자신에게 셋째 딸이 있었다는 사실을 완전히 잊어버린다. 그는 이런 상실을 잇달아 체험하게 된다.

"무엇인가 잃었다는 것은, 그게 무엇인지 알 수 없더라도 슬픈 법이야."

이 대사는 주인공의 친구인 평론가의 대사다. 비록 사라진 대상을 똑똑히 기억하지 못하더라도 자신에게 소중한 무언가를 잃어버렸다는 기억은 마음속 어딘가에 계속 남아 있다. 셋째 딸이 사라진 후 소설가가 맥이 빠진 모습으로 중얼거리는 장면도 있다.

"집안이 왜 이렇게 텅 빈 느낌이 들지? 왜 이렇게 춥지?"

누가 사라졌는지는 모르지만, 떠들썩한 웃음소리로 가득 차 있었던 예전의 집이 남긴 어렴풋한 잔상이 그에게 상실감을 안겨준 것이다.

● 익숙함에 속아 소중함을 잃지 않도록

상실이란 잃어버린 것의 가치를 이해하는 체험이기도 하다. 만약 '아'라는 소리를 사용하지 않고 말을 하거나 글을 써야 한다면 매우 불편할 것이다. 그때 느끼는 불편함이 곧 '아'라는 소리의 가치다.

이 소설처럼 사용할 수 없는 소리가 점점 늘어날수록 더 큰 불편함을 느끼고, 동시에 말을 자유롭게 쓸 수 있는 것이 얼마나 고마운 일인지 깨닫게 될 것이다. 너무나 당연해서 평소에는 존재를 의식하지 못하고 있다가 그것을 잃고 나면 비로소 가치를 알게 된다. 이미 우리 주변에도 그런 것들이 많다.

예를 들어 나는 학창 시절에 주로 쓰는 오른손을 사용하지 않고 밥을 먹던 시기가 있었다. 테니스나 무도에서 왼손도 자유롭게 사용하고 싶다는 생각에 훈련 삼아 시작했지만, 익숙하지 않은 왼손으로 젓가락이나 포크를 다루는 일은 너무 답답했다. 이때 오른손을 사용할 수 있다는 것이 얼마나 고마운 일인지 뼈저리게 깨달았다. 자주 사용하는 손의 자유를 제한하자 다시금 그 가치를 깨달을 수 있었다.

매일 똑같은 일상에 지루함을 느끼는 사람이 있다면, 그는 자신의 세계를 구성하는 것들의 가치를 깨닫지 못하고 있을 뿐일지도 모른다. 회사와 집을 오가는 날들이 지루하다고 느껴질 때는 '만약 직장이나 집을 잃는다면?' 하고 상상해보자. 일이 없으면 먹고살 수 없고, 가정이 없으면 일을 마치고 돌아와도 반겨주는 사람이 없어 쓸쓸한 삶이 될 것이다. 그렇게 생각해보면 당연하게 여겼던 일상이 얼마나 소중하고 귀한 것인지 깨달을 수 있다.

여러분도 부디 이 책을 손에 들고 주인공과 자신을 겹쳐 보며, 지금 있는 것의 소중함에 시선을 돌려보길 바란다.

쓸쓸함을 노래하며
인생을 즐긴다

기침해도 혼자
이렇게 좋은 달을
혼자 보고 잔다

오자키 호사이(1885~1926) | 하이쿠 시인
『오자키 호사이 하이쿠 모음집』(치쿠마문고)

● 어느 방랑 시인의 고독하고 아름다운 삶

매일 많은 사람들과 어울리며 바쁘게 일하는데도, 문득 외로운 순간
이 있다. 누구나 한 번쯤 그런 경험이 있지 않을까. 특히 요즘은 원격
근무나 재택 근무로 혼자 지내는 시간이 늘어나 더욱 외로움을 느끼는
사람이 늘어난 듯하다. 이 외로움과 함께하는 법을 극한까지 터득한
이가 메이지 시대와 다이쇼 시대에 걸쳐 살았던 자유율 하이쿠 시인
오자키 호사이尾崎放哉다.

오자키는 삶의 전반부를 전형적인 엘리트 코스로 걸어왔다. 고향인

돗토리현의 명문 중학교를 졸업하고 제1 고등학교에 진학, 도쿄제국 대학 법학부를 졸업했다. 졸업 후, 생명보험회사에 취직하면서 순조롭 게 출세 가도를 걷는다. 하지만 술독에 빠져 결국 회사를 그만둔다.

이후에는 아내와도 헤어지고 여러 지역을 방랑하다가, 말년에 쇼도 섬의 절에서 절지기로 허드렛일을 하며 가난 속에서 47세의 나이로 병 사했다. 일도, 가족도 버린 삶의 후반부는 그야말로 은둔생활, 그 자체 였고, 사회와의 관계를 끊은 고독한 나날이었다.

오자키는 학창 시절부터 하이쿠를 지었지만, 후세에 남아 높이 평가 받는 작품은 대부분 방랑 이후에 탄생했다. 사람들에게 잘 알려진 이 구절도 고독한 상황에서 읊은 것이다.

기침해도 혼자

이를 뛰어넘는 고독한 구절이나 문장은 아마 앞으로도 나올 수 없지 않을까. 그런 생각이 들 정도로 압도적인 여섯 글자다.

오자키는 폐병을 앓고 있어서 기침을 자주 했던 모양이다. 가족이 있으면 "괜찮아?"라고 말을 걸어주었을지 모르지만 그는 혼자다. 혼자 기침을 하면 그 소리가 방안에 울려 퍼진 후 조용한 정적이 찾아온다. 그때마다 고독이 몸에 배어들었을 것이다.

이 구절의 앞 부분은 여러 다른 표현으로도 바꿀 수 있다. "커피를 마셔도 혼자", "TV를 보아도 혼자" 등 고독을 느낀 순간이라면 무엇이든 대입하여 만들 수 있다. 이것이 문학의 보편성이다.

그러나 어떤 변주를 주더라도, 역시 "기침해도 혼자"라는 표현이 가장 가슴에 와닿는다. 여러분도 이 구절을 소리 내어 읊어보자. 그때 느껴지는 것은 쓸쓸함이나 슬픔이라기보다 "아, 혼자란 이런 것이구나" 하는 사무침일 것이다.

애초에 인간은 혼자 태어나서 혼자 죽어가는 존재다. 그렇게 생각하면 일상 속에서 문득 고독을 느끼는 것은 인간으로서 기본적인 감정을 가졌다는 증거인지도 모른다. 고독이 결코 나쁘기만 한 것은 아니라는 점이 다음 구절에서도 전해진다.

　　이렇게 좋은 달을
　　혼자 보고 잔다

기침해도 혼자지만 아름다운 것을 봐도 혼자라는 뜻이다. "오늘 밤은 달이 예쁘네"라고 말해주는 상대는 없지만 오자키는 취침 전에 아름다운 달의 깊은 여운을 한껏 즐기는 시간을 보냈을 것이다. 혼자 보내는 무심한 일상 속에도 좋은 것들과 마음을 움직이는 것들 있어, 문득 그것들을 소리 내어 중얼거리고 말았다는 느낌이다.

　　　　　　　　　　　　　　　　　　　　　　　사장의 문장들

● 일상의 모든 순간이 시가 된다

오자키의 시는 하이쿠의 기본 운율인 5·7·5조의 형식에 구애받지 않는 자유율 하이쿠이기 때문에 "이 정도는 나도 지을 수 있을 것 같은데"라는 생각이 든다. 실제로 마음먹는다면 누구나 시를 지을 수 있다. 여러분도 일상생활 속에서 오자키처럼 중얼거리고 싶어지는 것을 찾아보면 어떨까. 현실에서 느끼는 쓸쓸함이나 허전함도 시로 만들면 깊은 맛이 느껴진다.

예를 들어 오자키의 시에는 이런 구절도 있다.

품속 군고구마의 따뜻함

누구나 공감할 수 있는 구절이다. 이와 비슷한 순간을 일상에서 느낀 적도 있을 것이다. 불안이 쌓이고 기분도 개운하지 않아 쓸쓸함을 느끼고 있을 때, 편의점에서 산 따뜻한 커피의 온기에 위로받은 경험도 비슷한 경험이라 할 수 있다. 앞으로는 이런 순간이 있으면 스마트폰 메모에 "손안 커피의 온기"라고 적어두자. 이 사소한 순간이 시가 될 수 있다고 생각하면 쓸쓸한 생활도 왠지 즐거워진다.

오자키의 하이쿠는 매우 자유롭고 대부분 자신이 본 그대로, 행동한 그대로를 솔직하게 읊고 있다. 『오자키 호사이 하이쿠 모음집』에 그의 작품이 모두 수록되어 있으니 꼭 다른 시들도 음미해보길 바란다.

오자키 작품의 매력은 "이것도 시야?"라고 놀랄 만큼의 단순함이다. 매력이 잘 드러나는 구절을 몇 가지 소개하겠다.

　　잠자리 꼬리를 잡으려다 놓쳤다

잠자리의 꼬리를 잡으려 했더니 도망갔다는 뜻이다. 그대로다.

　　발바닥을 씻으니 하얘진다

더러워진 발바닥을 씻었더니 하얘졌다는 뜻이다. 정말 그대로다.

어떤가. 시를 짓는다는 것에 대한 문턱이 상당히 낮아지지 않았을까. 조용히 나만의 시를 지어 읊어보는 시간을 가지는 것도 나쁘지 않을 것이다.

손으로 생각해야
본질이 보인다

화가는 자연과 논쟁하고 대결한다.

레오나르도 다 빈치(1452~1519) | 화가, 건축가, 기술자 등
『레오나르도 다 빈치의 수기』 (이와나미문고)

● 손으로 그려야만 보이는 것이 있다

역사 속에는 천재라고 불리는 인물이 수없이 많다. 하지만 그중에서도 레오나르도 다 빈치^{Leonardo da Vinci}만큼 다채로운 분야에서 재능을 발휘한 사람은 없을 것이다.

그가 「모나리자」, 「최후의 만찬」 같은 걸작을 만들어낸 르네상스 시대의 대표 화가라는 사실은 누구나 안다. 하지만 그밖에 음악가로서 리라를 연주하기도 했고, 건축가로서 도시 계획에 관여하기도 했으며, 토목 기술자로서 공사에도 참여했다는 사실은 모르는 사람이 많다.

또, 천문학, 물리학, 수학 등에도 조예가 깊었고, 해부학에 몰두하여 인체의 골격이나 장기의 다양한 소묘를 남기는 등 '만능 천재'라고 불릴 만한 업적을 남겼다.

다 빈치는 평생 막대한 양의 메모를 남기기도 했다. 그것을 두 권의 책으로 편집한 것이 『레오나르도 다 빈치의 수기』다. 읽으면 천재의 머릿속을 들여다볼 수 있다. 한 가지 예로 이런 메모가 있다.

　　운동은 모든 생명의 근원이다.

이 한 문장에서 끝나지 않고 다음과 같은 문장들이 이어진다.

　　무게가 제자리에 가만히 있지 않는 것은 왜일까?
　　저항하는 물체가 없어서 멈추지 않기 때문이다.
　　그렇다면 어디로 움직이려는 것일까?
　　지구의 중심을 향해 움직인다.

지구의 중심에는 질량이 있는 물체를 끌어당기는 힘이 있음을 기술한 이 부분은 그가 인력^{引力}에 관해서 생각하고 있었음을 보여준다. 뉴턴이 만유인력을 발견하기도 전에 그 개념을 발견한 것이다.

다 빈치가 사물의 진리를 꿰뚫어 볼 수 있었던 것은 눈앞의 물체나 현상을 항상 정성껏 관찰했기 때문이다. 그의 노트에는 많은 데생도 있었다. 『레오나르도 다 빈치의 수기』에 그 일부가 수록되어 있다.

데생을 하려면 그리고자 하는 대상을 구석구석 꼼꼼하게 살펴야 한다. 그러다 보면 다른 사람의 눈에는 보이지 않는 것이 보이고, 새로운 발견이나 깨달음을 얻는다. 다 빈치는 '머리'로 생각한다기보다 '손'으로 생각한다고 표현하는 쪽이 더 어울릴지도 모른다.

다 빈치가 남긴 유명한 데생 중에 현대의 헬리콥터와 비슷한 기계를 그린 것이 있다. 아마 하늘을 나는 새나 대포 같은 기계를 그리다가 발상이 확장되어 이 세상에 없는 기계까지 그리게 되었을 것이다.

다 빈치는 다양한 것들을 그렸지만 특히 자연을 많이 그렸다. 수기에 다음과 같은 메모가 있다.

화가는 자연과 논쟁하고 대결한다.

화가는 자연을 상대로 질문을 던지거나 자연을 소재로 삼아 빛과 공기, 동식물 등이 지닌 성질을 고찰한다. 이 철학적이고 섬세한 사색을 거듭하기 때문에 화가에게는 발명 능력이 갖추어진다고 그는 말한다.

예를 들어 다 빈치는 소용돌이를 매우 좋아해서 물의 소용돌이나 머리카락의 소용돌이를 여러 장 반복해서 그렸다. 이 책에도 불어난 물이 소용돌이치며 나아가는 대홍수 장면을 그린 그림이 수록되어 있다.

생각해보면 우주의 성운도 소용돌이를 이루고 있다. 그러니 소용돌이의 운동성에 대해 생각하다 보면 이 세상 만물을 지배하는 자연의 섭리를 발견하는 일로 이어지기도 할 것이다.

현대인은 시간에 바쁘게 쫓기다 보니 자연과 마주할 여유가 거의 없다. 우리도 한 번쯤은 여유를 가지고, 레오나르도 다 빈치가 되어 종이와 펜을 들고 가까운 자연의 풍경을 스케치해 보는 것은 어떨까.

예를 들어 구름 모양 하나를 그린다 해도 "오늘은 구름이 물고기 비늘 같네"라거나 "뭔가 사람의 얼굴처럼 보이는데"라는 식으로 다양한 발견을 할 수 있을 것이다.

종이에 그리는 것이 귀찮다면 구름의 형태를 손가락으로 따라 그리기만 해도 좋다. 눈앞의 허공에 그림 그리듯이 손가락을 움직이는 것이다. 나도 자주 하는 방법인데, 이렇게 손을 움직이기만 해도 본 것이 머릿속에 확실하게 남는다.

● **어디서든 재미를 발견하는 것도 재능이다**

또 하나, 다 빈치에게 본받고 싶은 점은 어떤 일에도 호기심을 갖는 자세다. 그가 '만능 천재'라고 불리는 이유는 모든 일에 흥미와 관심을 가질 수 있는 '재능'이 있었기 때문이다.

여러분도 누군가가 권유하거나 유행하는 활동이 있다면 그것이 무엇이든 한 번쯤 경험해보기를 권한다. "이 개그맨, 재미있어"라는 말을 들으면 바로 그 개그맨이 어떤 소재를 다루고 있는지 살펴본다. "이 카페가 요즘 인기야"라는 소식을 듣는다면 일단 찾아가서 인기 메뉴를 주문해본다. 그렇게 여러분의 세계가 점점 넓어질 것이다. 여기에 새로운 경험에서 느낀 점을 다 빈치처럼 메모한다면 단순한 경험에서 그치지 않고 깊이 관찰하는 능력까지 생길 것이다.

요즘은 좋아하는 것 외에는 관심이 없다는 사람이 늘고 있어서 "TV는 재미가 없어서 안 본다"고 자랑삼아 하는 말도 흔히 들을 수 있다. 하지만 나는 TV, 인터넷, 영화, 책, 무엇이든 가리지 않고 접하는 것이 바람직하다고 생각한다. 호오의 문제로 무언가를 호기심의 대상에서 배제하는 것은 매우 아쉬운 일이다. 모든 방면에 안테나를 세우고, 무엇이든 흥미를 느끼며 관심을 가지면 분명 창조적인 감성을 기를 수 있을 것이다.

칭찬과 인정에
얽매이지 않는다

우리가 남을 칭찬하는 건 대부분 칭찬받고 싶은 마음 때문이다.

라 로슈푸코(1613~1680) | 문학가
『잠언집』(고단샤학술문고)

● **위대한 정신과 평범한 정신의 결정적 차이**

우리는 다른 사람의 사소한 말 한마디에 상처받거나 기뻐한다. 그런 감정 기복은 누구나 경험하는 일이다. 더군다나 요즘은 SNS 속 낯선 사람의 반응에도 일희일비하는 사람이 늘고 있다. 만약 그런 상태에 빠져 있다면 자기애에 사로잡혔다는 징조일지도 모른다.

17세기 프랑스에는 자기애가 너무 강한 근대인에게 경고를 던지는 책을 저술한 인물이 있다. 명문 귀족으로 태어나 도덕 지상주의자를 대표하는 문학가로 알려진 라 로슈푸코^{La Rochefoucauld}다. 그는 뛰어난 통찰력으로 인간의 행동과 관습을 성찰하여, 그것들을 아포리즘이라고 불리는 간결한 문장으로 기술했다. 그의 저서『잠언집』에는 인간의 본질을 날카롭게 꼬집는 말들이 쓰여 있다.

평범한 정신을 가진 자는 대개 자신의 능력에 비해 과분한 것을 전부 깎아내린다.

자신이 이해할 수 없는 것은 "저런 건 별것 아냐"라고 무시하려 한다는 뜻이다. 라 로슈푸코는 그것이 평범한 인간의 속성이기 때문이라고 잘라 말한다.

어리석은 자는 착한 사람이 되려고 해도 충분한 소질이 없다.

이런 말을 요즘 같은 시대에 TV에 나와 한다면 사람을 깔보는 것이 아니냐며 엄청난 항의가 쇄도할 것이다. 하지만 가만히 생각해보자. 예를 들어 소액 사기에 손을 대는 소심한 악당들은 근본부터 극단적으로 악한 사람이라기보다는 너무 어리석어서 착한 사람이 될 수 없다는 것에 가까울지도 모른다. 라 로슈푸코가 인간의 진정한 모습에 다가가기 위해 엮은 말인 만큼 신랄한 표현이라는 생각이 들면서도 한편으로는 이해가 된다.

이 책에는 한때는 삭제되었던 문장과 저자가 사망한 이후에 추가로 수록된 문장을 합쳐 600가지 이상의 잠언이 담겨 있다. 그중에서도 가장 큰 주제가 앞서 소개한 '자기애'다.

우리가 남을 칭찬하는 건 대부분 칭찬받고 싶은 마음 때문이다.

그야말로 SNS 시대의 현대인을 묘사하는 문장이다. "우리가 다른 사람의 게시물에 '좋아요'를 누르는 것은 내 게시물에도 '좋아요'를 눌러 줬으면 하는 마음 때문이다"라고 바꾸어 말해도 그대로 통할 듯하다. 그냥 상대를 칭찬하는 것으로 끝내면 될 텐데, 상대방에게도 꼭 칭찬받아야만 직성이 풀린다. 이것은 자기애가 너무 강하기 때문이 아닐까.

칭찬을 사양하는 것은 한 번 더 칭찬받고 싶다는 속셈에서다.

다른 사람에게 칭찬을 받고도 "아닙니다. 저 같은 사람이 무슨"이라며 겸손해하는 사람은 흔히 볼 수 있다. 하지만 사실 그 이면에는 아직 더 칭찬받고 싶다는 자기애가 감추어져 있다고 라 로슈푸코는 말한다. 이것도 꽤 냉정한 지적이다.

확실히 '저 같은 사람'이라는 말을 들으면 상대방도 "아닙니다. 무슨 말씀을요. 정말 대단하십니다"라는 식으로 한 번 더 칭찬해야 하는 분위기가 되곤 한다. 겸손하기만 한 사람은 주변으로부터 성가신 사람으로 여겨지고 있을지 모른다.

> 우리의 자기애는 자신의 의견을 비난받는 것보다 자신의
> 취향을 비난받는 것을 더 견디기 힘들어한다.

이 말도 마음에 와닿는 사람이 많을 것 같다. 유튜브에 올라온 가수의 라이브 영상을 시청하다 보면 "전성기에 비해 목소리가 나오지 않는다"와 같은 비판적인 댓글을 쓰는 사람이 있다. 그러면 열성팬들이 "함부로 말하지 마라", "전혀 그렇지 않다"라고 분노 어린 반박을 펼치며 종종 댓글 창에서 싸우기도 한다.

이 정도로 화를 내는 이유는 취향이 의견보다 자신의 본질에 더 깊이 관여하기 때문이다. 다른 사람의 취향을 부정하는 것은 매우 위험하다는 경고이기도 하다.

● 신랄한 잠언을 긍정적인 깨달음으로

이 책의 잠언을 읽고 있으면 평소 내 행동이나 감정에 대해 "당신은 눈치채지 못하고 있지만, 이것도 그렇고 저것도 그렇고 모두 과한 자기애의 표현입니다"라고 지적받는 듯한 느낌이 든다. 그러나 결코 부

정적인 깨달음이 아니다. 타인의 말이나 반응에 쉽게 우울해지거나 들
뜨는 것은 자기 자신을 지나치게 사랑하기 때문이다. 그것을 깨닫는
것만으로도 "아, 그렇군요" 하고 조금은 차분해질 수 있지 않을까.

참고로 라 로슈푸코는 나이 든 사람에게도 신랄한 잠언을 많이 남겼
다. 중장년층은 이 책을 읽으며 자기 자신을 돌아볼 수 있을 것이다.

혈기 왕성한 젊은이는 취향을 자주 바꾼다. 노인이 취향을
바꾸지 않는 이유는 타성에 젖었기 때문이다.

노인들이 가르치기를 좋아하는 이유는 이제 더 이상 나쁜
본보기를 보일 수 없게 된 자신을 위로하기 위해서다.

이런 말에 마음이 흔들렸다면 이미 그렇게 되어가고 있다는 신호다.
여러분도 라 로슈푸코의 잠언에 귀를 기울이고, 내면에 숨은 나의 본
질과 마주해보는 것은 어떨까.

행복은
지루함을 견디는 힘이다

지나치게 흥분으로 가득한 삶은 심신을 소모하는 삶이다.

버트런드 러셀(1872~1970) | 수학자, 철학자
『행복론』(이와나미문고)

● '보람 있는 지루함'의 힘

매일 화려하게 활약하는 사람이나 자극적인 경험을 하는 사람을 보다 보면 내 인생이 지루하게 느껴지기도 한다. 하지만 사실은 지루한 시간이 있기 때문에 인생은 풍요로워진다.

영국의 수학자이자 철학자인 버트런드 러셀^{Bertrand Russell}은 저서인 『행복론』에서 인간의 행복과 불행에 관해 논리적인 검증을 하고 있다. 그중에서 「지루함과 흥분」이라는 목차에는 이런 구절이 있다.

지나치게 흥분으로 가득한 삶은 심신을 소모하는 삶이다.

지나친 흥분에 익숙해지면 그 스릴을 곧 쾌락으로 느끼게 되고, 더 강한 자극을 끊임없이 요구하게 된다고 러셀은 말한다.

최근에는 여러 동영상 플랫폼에서 자극적인 영상을 손쉽게 찾아볼 수 있다. 어떤 영상이든 처음에는 무섭다고 생각하면서 보기 시작하지만, 어느새 자기도 모르게 관성적으로 계속 재생 버튼을 누른다. 흥분한 동안에는 지루함을 잊을 수 있지만, 결국 남는 것은 피로뿐이다.

이어서 러셀은 이렇게 말한다.

어느 정도의 지루함은 인생의 필수 요소다.

필요 이상으로 지루함을 두려워하면 과음 등 바람직하지 않은 수단을 이용해서 도피하려 한다. 러셀은 전쟁, 학살, 박해 등을 포함하여 "인류가 저지르는 죄악 중 적어도 절반은 지루함을 두려워하는 데에 기인한다"라고 말하기도 했다.

따라서 인간이 행복한 삶을 살려면 '지루함을 견디는 힘'을 갖춰야 한다는 것이 러셀의 제안이다. 예를 들어 독서는 자극적인 동영상에 비하면 지루하다. 하지만 언뜻 지루해보이는 시간일수록 사소한 기쁨이나 놀라움 등을 더 많이 느낄 수 있다. 그러니 지루한 시간 속에도 인생을 행복하게 만드는 열쇠가 있다고 생각해도 좋지 않을까.

러셀도 지적한 것처럼 위대한 책은 지루한 부분을 포함하고 있다. 만약 고전 작품을 그대로 오늘날 출판사에 가져간다면 "너무 길고 지루하니까 적당한 길이로 줄여서 가져와 달라"는 말을 듣는 작품도 많을 것이다. 하지만 이런 '보람 있는' 지루함을 견뎌내야만 얻을 수 있는 행복도 분명히 있다.

나는 학창 시절에 『행복론』을 만나 큰 감명을 받았고, 그 후 "지루함을 어떻게 즐길 것인가"를 내 삶의 주제로 삼고 있다.

예를 들어 한때는 강가나 해변에서 돌을 찾는 '지루한' 작업에 몰두했다. 작업이라고 해도 좋은 돌을 발견하면 주워서 닦는 것이 고작이었다. 하지만 이렇게 수수하면서도 깊이 있는 작업을 의식적으로 수행함으로써 지루함을 두려워하고 흥분만을 추구하는 삶으로부터 거리를 둘 수 있었다. 일상에는 이렇게 지루함을 견디는 힘이 필요하다.

인생은
여행의 연속이다

세월은 영원한 나그네요,
지나가는 해 또한 나그네로다

마츠오 바쇼(1644~1694) | **하이쿠 시인**
『오쿠노 호소미치』(카도카와소피아문고)

● 지금 여기와는 다른 어딘가로

누구나 살다 보면 문득 무언가 부족한 것 같은 공허함이 느껴질 때가 있다. 일도 생활도 대체로 잘 풀리고 있지만, 지금 여기에 있는 것이 아니라 좀 더 특별한 무언가를 느끼고 싶다. 만약 그런 생각이 든다면 '마음의 여행'을 떠날 타이밍이다.

세월은 영원한 나그네요,

지나가는 해 또한 나그네로다

이 구절은 시인 마츠오 바쇼松尾芭蕉가 오우(오늘날의 도호쿠), 호쿠리쿠 지방의 여행을 기록한 기행문『오쿠노 호소미치くのほそ道』를 여는 구절이다. 시간은 영원한 여행자이며, 세월과 해도 계속 걸어갈 뿐 멈추지 않는다. 따라서 시간의 걸음과 함께 나아가는 우리의 인생 또한 여행 그 자체다. 그야말로 "인생은 곧 여행"이라고 하는 바쇼의 인생관을 상징하는 구절이기도 하다.

바쇼는 여행으로 살았다고 해도 과언이 아닌 인물로, 40대 이후에는 여러 차례 긴 여행을 떠났다. 그는 에도에서 시인으로 명성을 얻었지만, 진정한 하이쿠의 경지로 들어서기 위해서 지금 여기에 있는 것과는 다른 무언가를 붙잡고 싶어했다. 그래서 자신이 정말 원하는 것이 무엇인지 진지하게 생각했고, 그것이 여행이라는 깨달음을 얻는다.

옛사람도 여행 도중에 많이 목숨을 잃었도다. 나 또한 언제부터인가 뜬구름이 바람에 이끌리듯, 떠돌고자 하는 마음이 그치지 않았다.

옛날 유명한 문인 중에도 여행 중에 생을 마친 사람이 많았다. 바쇼 역시 그들처럼 여행을 떠나고 싶다는 생각을 멈출 수 없게 되어『오쿠노 호소미치』의 여행길에 올랐다. 바쇼가 바란 것은 이동하며 낯선 풍경과 사람을 만나 자극을 받고, 그로부터 영감을 얻는 경험이었다.

영어의 'inspire'에는 '영감을 불어넣는다'는 의미도 있다. 하지만 신이나 부처로부터 계시를 받은 듯한 깨달음을 스스로 불어넣기란 어려운 일이다. 영감을 붙잡기 위해서는 다른 사람과의 만남이 필요하다.

● 과거와 현재를 가로지르며 함께하는 마음의 여행

바쇼가 여행 중에 바라본 것은 단순한 풍경이 아니었다. 그는 눈앞의 풍경을 통해 역사와 문화를 바라보았다.

바쇼는 선인들이 시나 노래에 담은 다양한 명소를 찾아다녔고, 1000년 전에 세워진 돌비석이나 헤이안 시대의 모습 그대로 남아 있는 소나무 등을 보고 얼마나 감격했는지를 기록했다. 그러면서 그 스스로도 나이를 먹어감에 따라 선인들의 발자취를 더듬어 올라가고 싶다는 생각이 강해졌다. 이런 체험과 생각에서 더욱 자극을 받아 영감이 끓어올랐고 새로운 하이쿠가 탄생했다. 이것이야말로 마음의 여행이다.

요즘은 인터넷상에 무한한 만남이 펼쳐져 있어서 멀리 떠나지 않아도 다양한 마음의 여행을 즐길 수 있다. 자신이 좋아하는 것이나 흥미가 느껴지는 것을 만났다면 흠뻑 빠져들어 보는 것도 나쁘지 않다.

예를 들어 내가 좋아하는 아티스트에 대해 인터넷으로 철저히 조사해본다. 그러면 그 아티스트를 좋아하는 팬들이 쓴 작품에 관한 리뷰나 아티스트에 관한 상세한 프로필을 찾아볼 수 있다. 그들과 교류하면서 함께 열광하고 열성팬만 알 수 있는 정보를 알게 된다면, 그것은 지금까지 겪어본 적 없는 자극이 된다.

마음의 여행을 즐기는 또 다른 비결은 동료를 만드는 것이다. 바쇼에게도 제자 소라曾良라는 동행자가 있었다. 마음이 맞는 파트너가 있으면 여행은 몇 배나 즐거워진다. 인터넷에서 교류하는 사람들은 말하자면 마음의 여행의 동행자인 셈이다.

마지막으로 가장 중요한 것은 여행 속에서 자신의 발자취를 남기는 것이다. 바쇼도 오우와 호쿠리쿠를 여행하며 수많은 명구를 남겼다.

여름풀이여,
병사들이 꿈꾸던 자취여

오월 비를 모아
빠르게 흐르는 모가미강

유명한 이 구절들도 여행 도중에 읊은 것이다. 모가미강은 오늘날 일본 야마가타현의 상징으로 꼽히는 강이다.

바쇼는 하이쿠로 자신의 발자취를 남겼지만, 현대사회라면 블로그를 쓰거나 SNS에 포스팅하는 등 다양한 방법이 있다. 자신이 다른 사람으로부터 받은 영감을 이번에는 또 다른 사람에게 전해 자극을 준다. 이것이 마음의 여행을 충실하게 하는 요령이다.

내 제자 중에 7, 80년대의 오래된 드라마를 좋아해서, 그 재미를 다른 학생들에게 전하는 것을 취미로 삼는 친구가 있다. "당시에는 이런 사회 문제가 있었다", "등장인물이 지금은 상상도 할 수 없는 발언을 한다"는 식으로 드라마를 소개하고, 학생들끼리 열띤 이야기를 나눈다. 이 친구 역시 드라마를 통해 역사와 문화를 보는 것이다.

논 한 마지기 심고
떠나가는 버들이여

이것은 바쇼가 현재의 도치기현 나스마치를 방문했을 때 지은 하이쿠다. 그곳에는 그가 존경하는 사이교 법사가 들렀다고 전해지는 버드나무가 있다. 논두렁에 남아 있는 버드나무 아래에서 감회에 젖어 있던 중, 바쇼는 자신도 모내기하는 아낙네들 사이에 섞여 모를 심는 환상을 본다. 바로 그 정경을 읊은 것이다.

선인들이 걸어간 역사와 문화에 공감하고 자신을 겹쳐 본다. 이런 공감 능력만 있다면 여행은 곧 나의 인생 그 자체가 되어간다. 여러분도 부디 마음의 여행을 즐겨보길 바란다.

1부

- 『임제록』 석지현 역주 및 해설, 민족사
- 『나폴레옹 자서전ナポレオン自伝』 앙드레 말로 엮음, 고미야 마사히로 역, 아사히신문사
- 『인생의 짧음에 대하여』 루키우스 안나이우스 세네카, 박문재 역, 현대지성
- 『USJ의 롤러코스터는 왜 뒤로 달렸을까?USJのジェットコースターはなぜ後ろ向きに走ったのか?』 모리오카 쓰요시 저, 카도카와문고
- 『묵자』 묵자 저, 최환 역, 을유문화사
- 『제아미젠치쿠世阿弥 禅竹』 오모테 아키라, 가토 슈이치 저, 이와나미문고
- 『몰입, FLOW』 미하이 칙센트미하이 저, 최인수 역, 한울림
- 『자유론』 존 스튜어트 밀 저, 김만권 역, 책세상
- 『신역 하이파워 마케팅新訳 ハイパワー・マーケティング』 제이 에이브러햄 저, 고야마 다쓰오 감수, 시마후지 마스미 감수 및 번역, 카도카와문고
- 『미야모토 무사시의 오륜서』 미야모토 무사시 저, 안수경 역, 사과나무
- 『차라투스트라는 이렇게 말했다』 프리드리히 니체 저, 박찬국 역, 아카넷
- 『논어』 공자 저, 소준섭 역, 현대지성

2부

- 『달과 6펜스』 서머싯 몸 저, 송무 역, 민음사
- 『창조적 인간創造的人間』 유카와 히데키 저, 카도카와소피아문고
- 『인간의 대지』 앙투안 드 생텍쥐페리 저, 김윤진 역, 시공사
- 『안토니오 이노키 자서전アントニオ猪木自伝』 안토니오 이노키 저, 신초문고
- 『희대의 서점: 츠타야 쥬자부로稀代の本屋 蔦屋重三郎』 마스다 마사후미 저, 소시샤문고
- 『사이교모노가타리西行物語』 구와바라 히로시 번역 및 주석, 고단샤학술문고
- 『반 고흐, 영혼의 편지』 빈센트 반 고흐 저, 신성림 역, 위즈덤하우스
- 『갈매기의 꿈』 리처드 바크 저, 공경희 역, 나무옆의자
- 『팔견전八犬伝』 야마다 후타로 저, 가와데문고
- 『연금술사』 파울로 코엘료 저, 최정수 역, 문학동네
- 『고대에 대한 열정古代への情熱』 하인리히 슐리만 저, 세키 구스오 역, 신초문고

3부

- 『손자병법』 손자 저, 소준섭 역, 현대지성
- 『에밀』 장 자크 루소 저, 이환 역, 돋을새김
- 『황제의 철학서』 마르쿠스 아우렐리우스 저, 노윤기 역, 페이지2북스
- 『언지록』 사토 잇사이 저, 노만수 역, 알렙
- 『오니헤이 범과장 결정판鬼平犯科帳 決定版』 이케나미 쇼타로 저, 문예춘추문고
- 『단니쇼歎異抄』 혼간지출판사 엮음, 가케하시 지쓰엔 해설, 혼간지출판사
- 『아들러의 인간이해』 알프레드 아들러 저, 홍혜경 역, 을유문화사
- 『로기쇼老妓抄』 오카모토 가노코, 저, 신초문고
- 『학습하는 조직』 피터 센게 저, 강혜정 역, 유정식 감수, 에이지21
- 『동트기 전』 시마자키 도손 저, 김용안 역, 지식을만드는지식

4부

- 『쓰레즈레구사徒然草』 요시다 겐코 저, 카도카와문고 엮음, 카도카와소피아문고
- 『피터 드러커 자기경영노트』 피터 드러커 저, 장영철 역, 한국경제신문
- 『패배하는 사람은 쓸데없는 연습을 한다負ける人は無駄な練習をする』 미즈타니 준 저, 탁구왕국
- 『논리-철학논고』 루드비히 비트겐슈타인 저, 이영철 역, 책세상
- 『지도자들指導者とは』 리처드 닉슨 저, 도쿠오카 다카오 역, 문예춘추라이브러리
- 『한비자』 한비자 저, 김원중 역, 휴머니스트
- 『군주론』 니콜로 마키아벨리 저, 최현주 역, 김상근 감수, 페이지2북스
- 『마이클 포터의 경쟁전략』 마이클 포터 저, 미래경제연구소 역, 권율 감수, 프로제
- 『기나긴 이별』 레이먼드 챈들러 저, 김진준 역, 열린책들
- 『유혹하는 글쓰기』 스티븐 킹 저, 김진준 역, 김영사
- 『노자』 노자 저, 임헌규 역, 책세상
- 『사람은 성숙해질수록 젊어진다人は成熟するにつれて若くなる』 헤르만 헤세 저, 폴커 미헬스 엮음, 오카다 아사오 역, 소시샤문고

5부

- 『히카와 세이와氷川清話』, 가쓰 가이슈 저, 가쓰베 미타케 엮음, 카도카와소피아문고
- 『다카하시 고레키요 자서전高橋是清自伝』, 다카하시 고레키요 저, 우에쓰카 쓰카사 엮음, 추코문고
- 『윤리와 무한』, 에마뉘엘 레비나스 저, 김동규 역, 도서출판100
- 『죽음에 이르는 병』, 쇠렌 키르케고르 저, 이명곤 역, 세창출판사
- 『주홍글씨』, 너새니얼 호손 저, 이종인 역, 현대지성
- 『폭풍의 언덕』, 에밀리 브론테 저, 김종길 역, 민음사
- 『소공녀』, 프랜시스 호지슨 버넷 저, 김경미 역, 비룡소
- 『민달팽이 함대なめくじ艦隊』, 고콘테이 신쇼 저, 치쿠마문고
- 『하가쿠레』, 야마모토 쓰네토모, 이강희 역, 사과나무
- 『전쟁은 여자의 얼굴을 하지 않았다』, 스베틀라나 알렉시예비치 저, 박은정 역, 문학동네
- 『시지프 신화』, 알베르 카뮈 저, 김화영 역, 민음사

6부

- 『산토카 시집山頭火句集』, 다네다 산토카 저, 무라카미 마모루 엮음, 치쿠마문고
- 『풀베개』, 나쓰메 소세키 저, 송태욱 역, 현암사
- 『공해「반야심경비건」空海「般若心経秘健」』, 공해 저, 가토 세이이치 엮음, 카도카와소피아문고
- 『여자의 일생』, 기 드 모파상 저, 이동렬 역, 민음사
- 『선의 연구』, 니시다 기타로 저, 윤인로 역, b
- 『쇼펜하우어의 행복론과 인생론』, 아르투어 쇼펜하우어 저, 홍성광 역, 을유문화사
- 『힘들 때는 전화해苦しい時は電話して』, 사카구치 교헤이 저, 고단샤현대신서
- 『백년의 고독』, 가브리엘 가르시아 마르케스 저, 조구호 역, 민음사
- 『잔상에 립스틱을残像に口紅を』, 츠츠이 야스타카 저, 추코문고
- 『오자키 호사이 하이쿠 모음집尾崎放哉全句集』, 오자키 호사이 저, 무라카미 마모루 엮음, 치쿠마문고
- 『레오나르도 다 빈치의 수기レオナルド・ダ・ヴィンチの手記』, 스기우라 민페이 역, 이와나미문고
- 『인간의 본성에 대한 풍자 511』, 라 로슈푸코 저, 강주현 역, 나무생각
- 『행복의 정복』, 버트런드 러셀 저, 이순희 역, 사회평론
- 『바쇼의 하이쿠』, 마쓰오 바쇼 저, 유옥희 역, 민음사

옮긴이 이정환

경희대학교 경영학과와 인터컬트 일본어학교를 졸업했다. (주)리아트 통역과장을 거쳐, 현재 일본어 전문 번역가 및 동양철학, 종교학 연구가, 역학 칼럼니스트로 활발히 활동 중이다. 옮긴 책으로『땅에 떨어진 화살을 굳이 가슴에 꽂지 마라』,『지적자본론』,『캔들차트 사용설명서』,『애착 수업』,『감정이 늙지 않는 법』등 다수가 있다.

사장의 문장들

초판 1쇄 발행 2026년 3월 18일

지은이 사이토 다카시
옮긴이 이정환
펴낸이 김선준

편집이사 서선행
책임편집 서윤아 **편집2팀** 최한솔, 오시정, 한용선
디자인 엄재선
마케팅팀 권두리, 이진규, 신동빈
콘텐츠본부장 조아란
콘텐츠팀 이은정, 장태수, 권희, 박미정, 조문정, 이건희, 박지훈, 송수연, 김수빈, 현유진, 정지호
경영관리 송현주, 윤이경, 임해랑, 정수연

펴낸곳 페이지2북스
출판등록 2019년 4월 25일 제 2019-000129호
주소 서울시 영등포구 여의대로 108 파크원타워1, 28층
전화 070)4203-7755 **팩스** 070)4170-4865
이메일 page2books@naver.com
종이 월드페이퍼 **인쇄·제본** 한영문화사

ISBN 979-11-6985-192-3 (13320)